Vorwort,
Unterwegs auf dem Weg der Helden

Reise-Infos von A bis Z

Routenverlauf

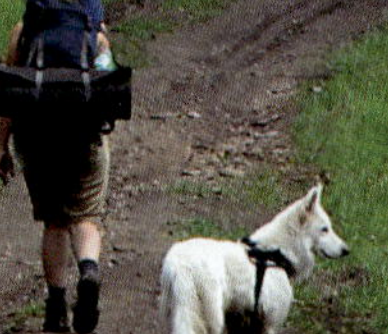

Kleiner Sprachführer, Index

Wanderweg kurz vor Horná Poruba (Etappe 9)

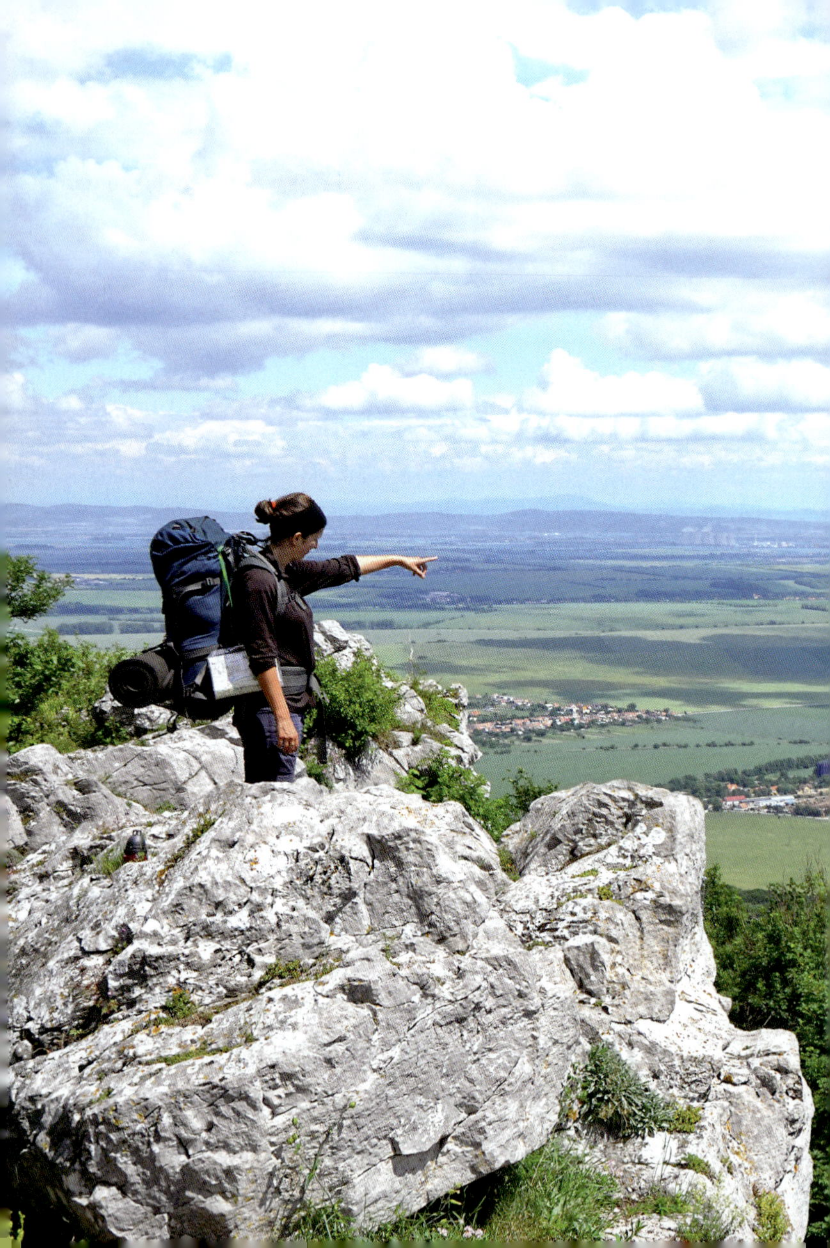

Band 308

OutdoorHandbuch

Jörn und Petra Kaufhold

Slowakei: Weg der Helden (E8)

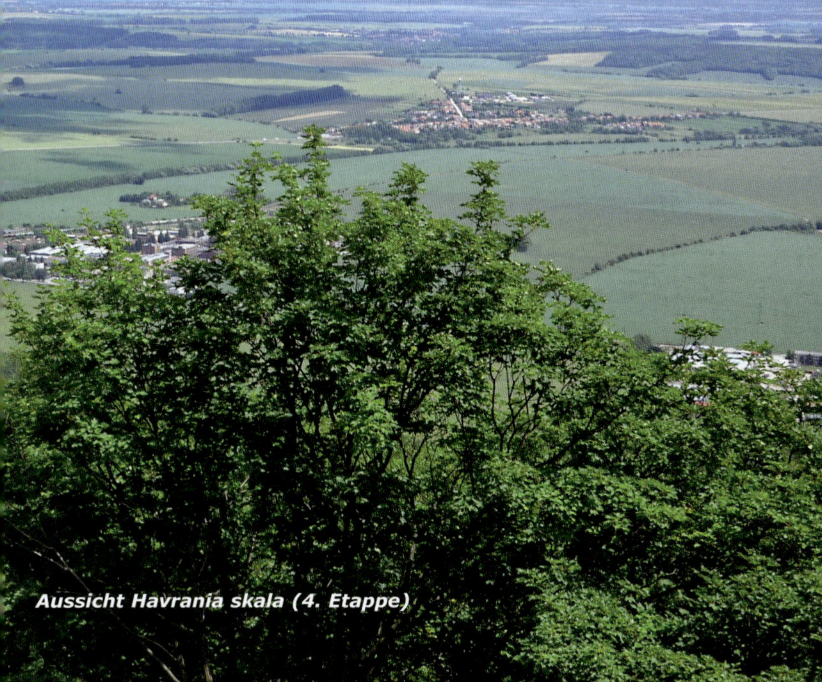

Aussicht Havrania skala (4. Etappe)

Slowakei: Weg der Helden (E8)

Die Autoren und der Verlag sind für Lesertipps und Verbesserungen (besonders per E-Mail) unter Angabe der Auflagen- und Seitennummer dankbar.

Dieses OutdoorHandbuch hat 160 Seiten mit 53 farbigen Abbildungen sowie 32 farbigen Kartenskizzen im Maßstab 1:200.000, 32 farbigen Höhenprofilen und einer farbigen,ausklappbaren Übersichtskarte. Es wurde auf chlorfrei gebleichtem Papier gedruckt, in Deutschland klimaneutral hergestellt und transportiert und wegen der größeren Strapazierfähigkeit mit PUR-Kleber gebunden.

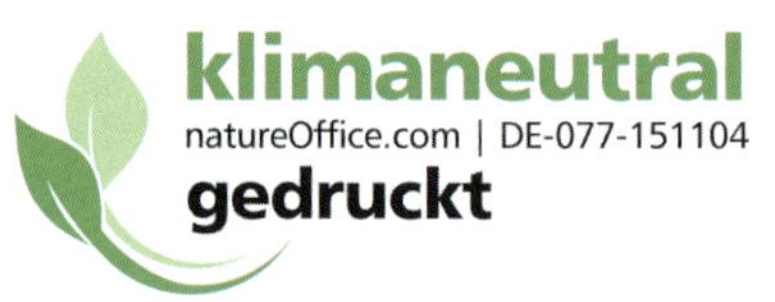

Dieses Buch ist im Buchhandel und in Outdoor-Läden erhältlich und kann im Internet oder direkt beim Verlag bestellt werden.

OutdoorHandbuch aus der Reihe „Der Weg ist das Ziel“, Band 308

ISBN 978-3-86686-388-0 1. Auflage 2016

Dieses OutdoorHandbuch wurde konzipiert und redaktionell erstellt vom Conrad Stein Verlag GmbH, Kiefernstraße 6, 59514 Welver,
☎ 023 84/96 39 12, FAX 023 84/96 39 13,
info@conrad-stein-verlag.de, www.conrad-stein-verlag.de

Werden Sie unser Fan: www.facebook.com/outdoorverlage

Text und Fotos: Petra und Jörn Kaufhold
Karten: Heide Schwinn
Lektorat: Kerstin Becker
Layout: Manuela Dastig
Gesamtherstellung: Werbedruck GmbH Horst Schreckhase

Titelfoto: Aussicht Chopok (© Danka Hojčušová

Inhalt

Vorwort 8

Unterwegs auf dem Weg der Helden 10

Die Wegstrecke 11
Etappenvorschlag 12
Entstehungsgeschichte 13
Weg der Helden und der Europäische Fernwanderweg E8 14
Laufrichtung 16

Reise-Infos von A bis Z 17

An- und Abreise und Verkehrsmittel unterwegs 18
Ausrüstung 20
Diplomatische Vertretungen 22
Einkaufen 22
Essen und Trinken 22
Geld 24
Gepäckservice 24
Hunde 24
Information 25
Karten & GPS-Track 26
Klima und Reisezeit 27
Kommunikation 27
Körperliche und psychische Voraussetzung 28
Medizinische Versorgung 28
Notruf 29
Radfahren 29
Sicherheit 29
Sprache 29
Unterkunft 29
Updates 31
Wegmarkierungen 31
Wasser 34
Zeit 34

Routenverlauf 35

1. Etappe: Devin - Kamzík, lúka	21,7 km	38
2. Etappe: Kamzík, lúka - Pezinská Baba	25,4 km	45
3. Etappe: Pezinská Baba - Amonova lúka	25,6 km	48
4. Etappe: Amonova lúka - Dobrá Voda	31,1 km	52
5. Etappe: Dobrá Voda - Myjava	26,4 km	56
6. Etappe: Myjava - Veľká Javorina / Holubyho chata	18,3 km	60
7. Etappe: Chata Holubyho - Mikulčin Vrch	21,7 km	62
8. Etappe: Mikulčin Vrch - Trenčin	24,6 km	65
9. Etappe: Trenčin - Horná Poruba	26,8 km	69

10. Etappe: Horná Poruba - Čičmany	28,3 km	73
11. Etappe: Čičmany - Hadviga	25,8 km	77
12. Etappe: Hadviga - Bralová skala	26,2 km	79
13. Etappe: Bralová skala - Skalka	20,6 km	83
14. Etappe: Skalka - Horský Hotel Kráľova Studňa	26,0 km	87
15. Etappe: Horský Hotel Kráľova Studňa - Donovaly	20,0 km	90
16. Etappe: Donovaly - Ďurkonvá útulňa	27,9 km	94
17. Etappe: Ďurková útulňa - Čertovica motorest	26,3 km	97
18. Etappe: Čertovica - Sedlo Priehyba	21,7 km	101
19. Etappe: Sedlo Priehyba - Telgárt penzión	23,4 km	104
20. Etappe: Telgárt penzión - Sedlo Dobšinský vrch	23,1 km	108
21. Etappe: Sedlo Dobšinský vrch - Chata Volovec	25,8 km	111
22. Etappe: Chata Volovec - Skorušina	24,0 km	114
23. Etappe: Skorušina - Tri studne	23,6 km	117
24. Etappe: Tri studne (Trohánka) - Košice Čermeľ	30,5 km	120
25. Etappe: Košice Čermeľ - Kysak	24,7 km	125
26. Etappe: Brezie - Veľký Šariš	28,0 km	128
27. Etappe: Veľký Šariš - Sedlov Čergov	21,0 km	132
28. Etappe: Sedlov Čergov - Bardejov	23,0 km	134
29. Etappe: Bardejov - Andrejová	22,5 km	138
30. Etappe: Andrejová - Svidník	24,8 km	142
31. Etappe: Svidník - Dukliansky priesmyk	26,4 km	146

Kleiner Sprachfüher 150

Index 158

Vorwort

Liebe Wanderer!

Für das Jahr 2012 hatten wir uns fest vorgenommen, einen Wanderführer über den Weg der Helden zu schreiben. Mit großem Elan schulterten wir unsere Rucksäcke und zogen mit Notizblock, Fotokamera und Aufnahmegerät los. Vom 1. Tag an regnete es, 11 Tage nahezu ununterbrochen. Unser Notizblock weichte auf und alle elektrischen Geräte verschwanden für lange Zeit wasserdicht verpackt tief in unseren Rücksäcken.

Im gleichen Jahr begann ein Großgrundbesitzer - entgegen aller Gesetze - die rot-weißen Markierungen des Wanderwegs zu schwärzen, weil er in seinen Wäldern keine Wanderer mehr sehen wollte. Polizei und Gerichte brachten keine Einigung und so verlegte der slowakische Wanderverband (KST) klugerweise den betreffenden Teilabschnitt.

Und dann bekamen wir das schönste Geschenk unseres bisherigen Lebens - wir wurden Eltern. Das bekannte Zitat von Lennon: „Das Leben ist das, was passiert, während du eifrig dabei bist, andere Pläne zu schmieden", lächelte uns halb liebevoll, halb höhnisch entgegen.

Wir verstanden, dass der Weg der Helden - immerhin 760 km - mehr Zeit braucht. So haben wir den Weg immer wieder besucht, über mehrere Jahre, zu allen Jahreszeiten. Manchmal für Wochen, manchmal für eine Tageswanderung.

Schritt für Schritt erwanderten wir uns den kompletten Weg und verliefen uns da, wo Markierungen fehlten oder undeutlich waren. Der Weg der Helden erzählte uns Geschichten: über Partisanen, Mantaken, Tramps und verliebte Ritter. Wir trafen auf Menschen unterschiedlichster Couleur und bewunderten ihre Art, sich durchs Leben zu schlagen, so gut es eben geht.

Und natürlich gehören zum Weg auch all die Begegnungen mit Leben auf Pfoten oder mit Flügeln, das wir sahen, hörten und rochen. Wir wünschten, wir könnten die Intensität der Gefühle beschreiben, die wir beim Anblick eines Wolfes oder eines noch dampfenden Haufens frischer Bärenlosung erlebten.

Heute können wir nun mit gewissem Stolz sagen: wir sind bewandert, was den Weg der Helden betrifft. Unsere Erfahrungen sollen all denen helfen, die kein Slowakisch sprechen, die am Ende eines Wandertages nicht lange nach einer Unterkunft suchen möchten und die wissen, dass eine fundierte Vorbereitung das Gehvergnügen ungemein erhöht.

Letztendlich schreibt jeder seine eigene Geschichte beim Wandern auf dem Weg der Helden. Wir wünschen viel Freude dabei!

Jörn und Petra Kaufhold

P.S.
Unser Dank geht an die ehrenamtlichen Wegwarte des slowakischen Wanderverbandes (KST), die den Weg schon seit Jahrzehnten erhalten und eine derartige Wanderung erst möglich machen. Ohne unsere (Schwieger-)Eltern Marta und Karol, die auf unsere Kleine aufpassten, wenn wir am Manuskript saßen, hätten wir es nicht geschafft. Und vielen Dank an Danka und Katka Hojčušová fürs Fotografieren.

P.P.S.
So ein langer Fernwanderweg wie der Weg der Helden verändert sich ständig. Stürme können Abschnitte unpassierbar machen, Unterkünfte werden geschlossen oder neu eröffnet - kurz: Teilen Sie uns mit, wenn Sie auf Ihrer Wanderung Änderungen erlebt haben.

Alle Hinweise werden unter 💻 www.conrad-stein-verlag.de veröffentlicht, damit nachfolgende Wanderer davon profitieren können.

Bleistift spitzen für Notizen

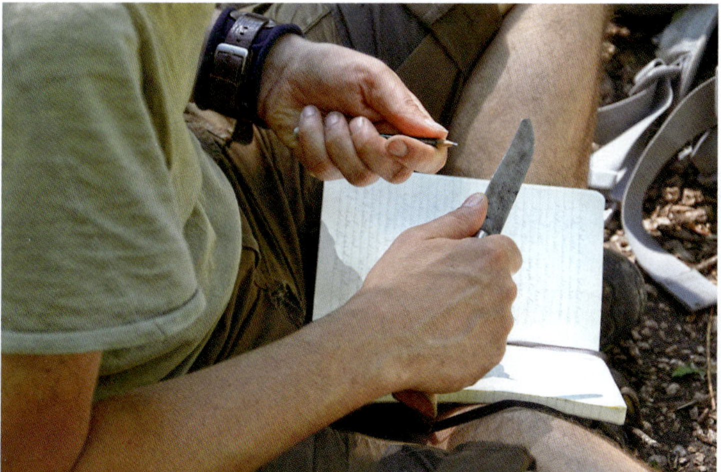

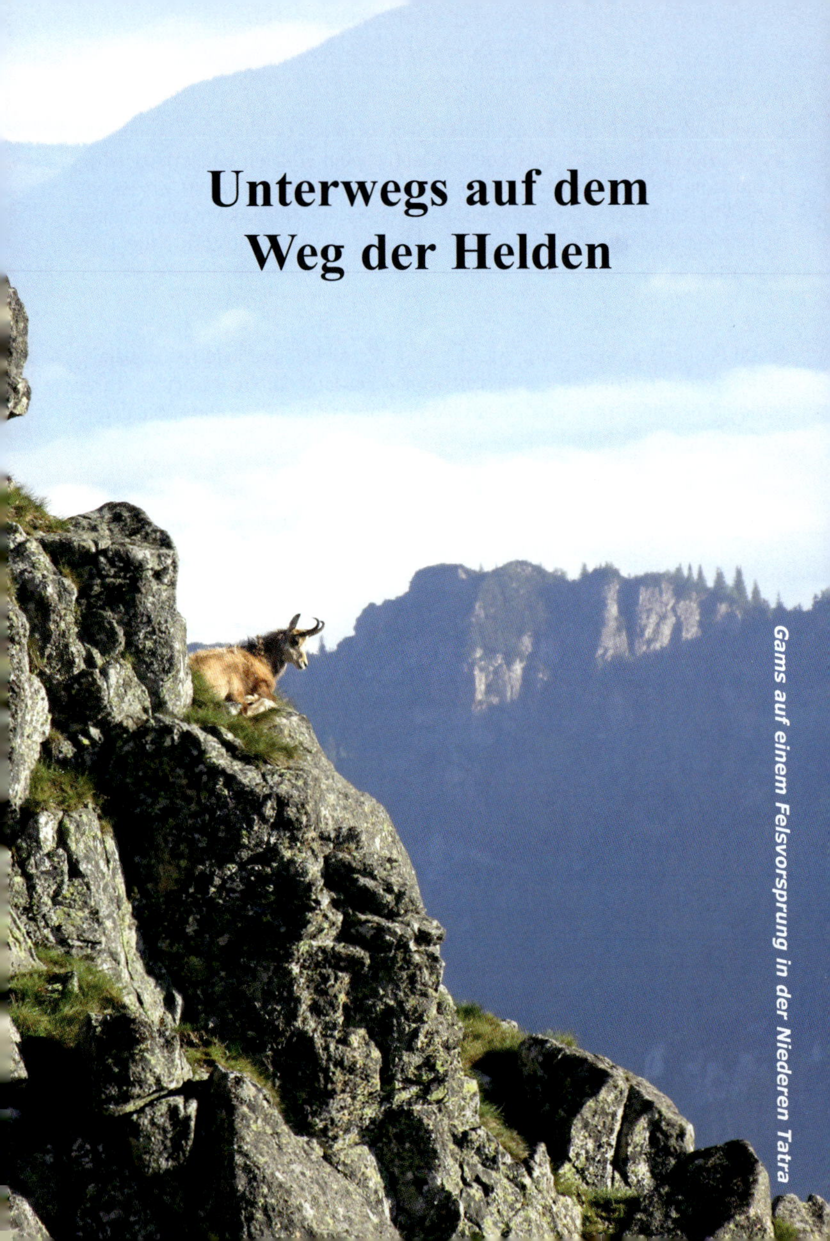

Gams auf einem Felsvorsprung in der Niederen Tatra

Die Wegstrecke

In **Devin** startet der Weg der Helden am Zusammenfluss von Donau und March unterhalb der gleichnamigen imposanten Burgruine. Devin ist ein Teil von **Bratislava**, der Hauptstadt der Slowakei. In der Altstadt finden Sie gute Restaurants und gemütliche Cafés sowie interessante Museen.

Direkt in Bratislava fangen die **Kleinen Karpaten** an, deren Gipfel zwar keine 1.000 Meter erreichen, die aber mit steilen Aufstiegen überraschen und vor allem mit einer vielfältigen Flora und Fauna. Während Sie durch lichte Eichenwälder wandern, begegnen Ihnen möglicherweise Mufflons.

Danach wandern Sie in den **Weißen Karpaten**, die das Grenzgebirge zur Tschechischen Republik bilden, die Sie eine Zeit lang durchwandern, um dann zurück in die Slowakei nach **Trenčin** abzubiegen, wo eine imposante mittelalterliche Burg über der Altstadt thront.

Sie wandern weiter gen Osten und erreichen die **Strážovské Vrchy**, wo Sie mit dem Gipfel Strážov den ersten Tausender Ihrer Wanderung besteigen. Hier wird die Fauna vielfältiger: Bären, Luchse und Wölfe sind ständige Bewohner dieser Berge. **Trenčianske Teplice** ist der bekannteste Kurort in der Slowakei und **Čičmany** ist mit seinen liebevoll verzierten Holzhäusern sicherlich eins der schönsten Dörfer des Weges.

Bei **Kremnické Bane** kommen Sie an der geografischen Mitte Europas vorbei und betreten bald darauf den Nationalpark **Große Fatra**, wo die Gipfel auf 1.500 m ansteigen. Sie wandern über wiesenbewachsene Bergkämme mit herrlichen Aussichten.

Donovaly liegt auf der Grenze zum Nationalpark **Niedere Tatra**, in dem der Weg über lange Strecken über Bergkämme verläuft, wo Sie Gämse, Steinadler und Murmeltiere beobachten können. Mit dem 2.043 m hohen Gipfel **Ďumbier** erreichen Sie nicht nur den höchsten Punkt der Niederen Tatra, sondern auch des gesamten Wegs der Helden.

Sie passieren den südlichen Rand des Nationalparks **Slowakisches Paradies** und dann wird es einsamer und die Wälder tiefer. In den **Volovské vrchy** kommen Ihnen vermutlich für Tage keine Wanderer entgegen - hier sagen sich Fuchs und Hase „Gute Nacht".

Mit **Košice** wartet die Euopäische Kulturhauptstadt 2013 mit einer quirligen Kunst- und Musikszene auf Sie. Der Weg biegt jetzt gen Norden ab. Das Gelände wird von nun an flacher und Sie durchqueren mehrere kleine Dörfer mit urigen Kneipen. In **Veľký Šariš** kommen Sie an der imposanten Burgruine vorbei und in **Hervartov** können Sie eine der ältesten **Holzkirchen** des gesamten Karpatenbogens bewundern.

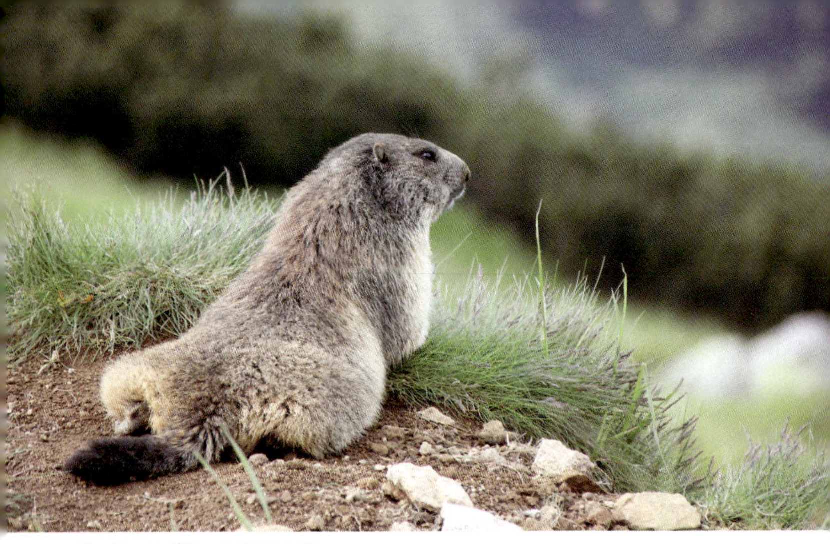

Ein Murmeltier entspannt

In der malerischen Stast **Bardejov** führt Sie der Wanderweg durch den komplett erhaltenen mittelalterlichen Stadtkern, der in die UNESCO-Welterbeliste aufgenommen wurde. Hinter **Svidník** betreten Sie das „**Tal des Todes**", in dem am Ende des Zweiten Weltkrieges eine verlustreiche Panzerschlacht stattgefunden hat. Der Weg führt Sie mehrere Kilometer durch eine Art Geschichtspark, vorbei an allerhand authentischen Kriegsgeräten und Informationstafeln.

Auf dem **Duklapass**, einem der leichtesten Übergänge über die Karpaten, endet der Weg der Helden an der Grenze zu Polen nach rund 760 km.

Etappenvorschlag

1. Tag	Devin - Kamzík, lúka	21,7 km
2. Tag	Kamzík - Pezinská baba	25,4 km
3. Tag	Pezinská baba - Amonova lúka	25,6 km
4. Tag	Amonova lúka - Dobrá Voda	31,1 km
5. Tag	Dobrá Voda - Myjava	26,4 km
6. Tag	Myjava - Veľká Javorina/Holubyho chata	18,3 km
7. Tag	Chata Holubyho - Mikulčin Vrch	21,7 km
8. Tag	Mikulčin Vrch - Trenčin	24,6 km
9. Tag	Trenčin - Horná Poruba	26,8 km
10. Tag	Horná Poruba - Čičmany	28,3 km

11. Tag	Čičmany - Hadviga	25,8 km
12. Tag	Hadviga - Bralová skala	26,2 km
13. Tag	Bralová skala - Skalka	20,6 km
14. Tag	Skalka - Horský Hotel Kráľova Studňa	26,0 km
15. Tag	Horský Hotel Kráľova Studňa - Donovaly	20,0 km
16. Tag	Donovaly - Ďurková útulňa	27,9 km
17. Tag	Ďurková útulňa - Čertovica	26,3 km
18. Tag	Čertovica - Sedlo Priehyba	21,7 km
19. Tag	Sedlo Priehyba - Telgart	23,4 km
20. Tag	Telgart - Sedlo Dobšinský vrch	23,1 km
21. Tag	Sedlo Dobšinský vrch - Chata Volovec	25,8 km
22. Tag	Chata Volovec - Skorušina	24,0 km
23. Tag	Skorušina - Tri studne	23,6 km
24. Tag	Tri studne - Košice, Čermeľ	30,5 km
25. Tag	Košice, Čermeľ - Brezie	24,7 km
26. Tag	Brezie - Veľký Šariš	28,0 km
27. Tag	Veľký Šariš - Sedlov Čergov	21,0 km
28. Tag	Sedlov Čergov - Bardejov	23,0 km
29. Tag	Bardejov - Andrejová	22,5 km
30. Tag	Andrejová - Svidník	24,8 km
31. Tag	Svidník - Dukliansky priesmyk	26,4 km

Entstehungsgeschichte

Der Weg der Helden wurde 1984 zum 40-jährigen Gedenken des Slowakischen Nationalaufstandes eröffnet. Die offizielle Bezeichnung lautet Weg der Helden des Slowakischen Nationalaufstandes (Cesta hrdinov Slovenské národné povstani). Im Jahre 1944 haben sich Teile der slowakischen Armee gegen die deutsche Wehrmacht und die Kollaborationsregierung unter Präsident Josef Tiso erhoben. Der Aufstand wurde durch Kampfgruppen der Waffen-SS niedergeschlagen. Der 29. August als Jahrestag des Slowakischen Nationalaufstandes ist ein Staatsfeiertag in der Slowakei.

Der E8 ist einer von 12 Europäischen Fernwanderwegen mit einer Gesamtlänge von 60.000 km, die von der Europäischen Wandervereinigung (EWV - FERP - EWV) seit 1969 markiert werden. Der E8 führt auf 4.390 km von Dublin in Irland bis nach Istanbul in die Türkei. Im Großen und Ganzen verläuft der E8 dabei auf bestehenden nationalen Weitwanderwegen in Irland, den Niederlanden, Deutschland, Österreich, Slowakei und Polen. In der Ukraine, Rumänien, Bulgarien und in der Türkei ist der Weg noch nicht oder nicht durchgehend markiert.

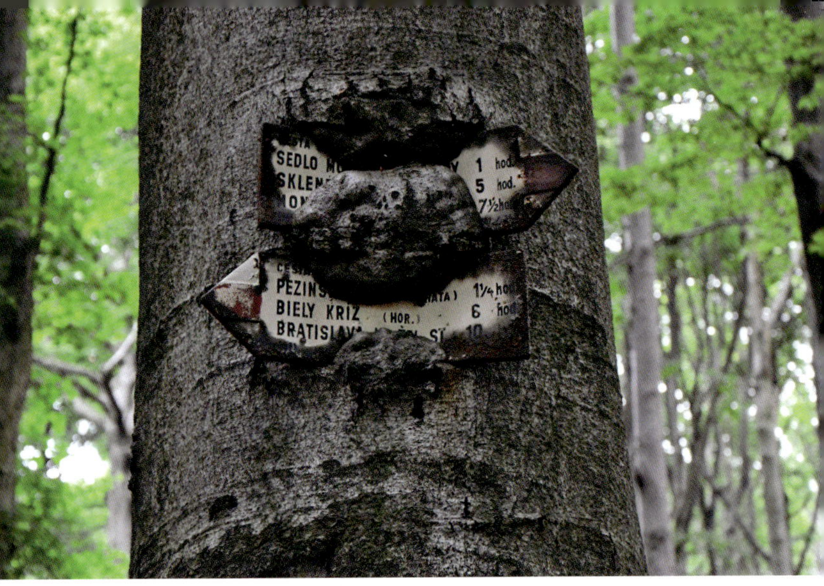

Der Weg hat eine lange Tradition

Weg der Helden und der Europäische Fernwanderweg E8

Der slowakische Wanderverband (KST) bezeichnet den Weg der Helden als slowakisches Teilstück des europäischen Fernwanderwegs E8, auch wenn der Weg der Helden nicht 100 % identisch mit dem europäischen Fernwanderweg E8 ist. Auf dem Gipfel Javorina, an der Landesgrenze zu Tschechien, trennen sich der Weg der Helden und der E8 für 46 km.

Der Weg der Helden folgt hier weiter der roten Markierung und verläuft eine Weile durch Tschechien, um dann wieder gen Osten abzubiegen und nach 46 km Trenčin zu erreichen. Der E8 biegt hingegen auf dem Javorina gen Süden ab und folgt dem blauen Wanderweg bis in das Dorf Lubina, dann wird er zum grünen Wanderweg, der bis nach Višňové geht. Von hier aus wechselt er erneut seine Farbe auf Gelb bis in das Städtchen Nové Mesto nad Váhom. Danach folgt er dem grünen Weg bis zum Gipfel Pod Inovcom, wo der E8 wieder eine rote Markierung erreicht, die gen Norden bis nach Trenčín führt, wo beide Wanderwege - der E8 und der Weg der Helden - nach 77 km wieder identisch sind.

Bis Ende 1992 verlief der Weg der Helden / E8 durch ein Land - durch die Tschechoslowakei. Am 1. Januar 1993 hörte die Tschechoslowakei auf zu existieren und es entstanden zwei neue Staaten in Mitteleuropa: Tschechien und die Slowakei. Der Weg der Helden / E8 querte damit bei dem Berg Veľká Javorina die Staatsgrenze zu Tschechien. Die grüne Grenze war somit für Wanderer prinzipiell nicht mehr offen. Deswegen wurde 1993 der E8 in die Slowakei, wie oben beschrieben, verlegt. Spätestens seit 2007 aber, als die Slowakei und Tschechien dem Schengener Abkommen beitraten, ist die grüne Grenze wieder problemlos passierbar. Heute setzen der slowakische Wanderverband und die maßgeblichen Kartenverlage, wie z.B. VKÚ Harmanec, den Weg der Helden identisch mit dem E8.

Wegweiser des Europäischen Fernwanderweges E8

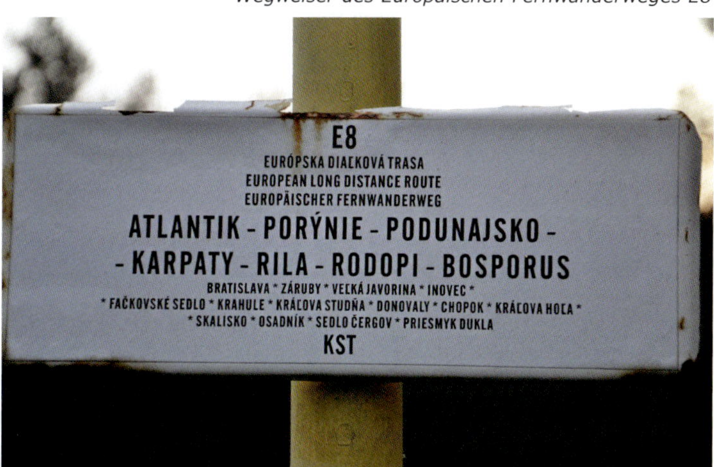

Auf dem kurzen Stück, wo sich die beiden Wege trennen, folgen und beschreiben wir den Weg der Helden, weil:

- ▷ die Markierung übersichtlicher ist: Auf der kompletten Strecke folgen Sie der roten Markierung, Sie brauchen nicht verschiedenen Wanderwegen folgen wie beim E8
- ▷ der Wegverlauf landschaftlich attraktiver ist und weniger über Asphalt führt
- ▷ der Weg der Helden um 31 km kürzer ist als der E8
- ▷ Sie beim slowakischen Wanderverband (KST) ein Wanderabzeichen bekommen können, wenn Sie die notwenigen Bestätigungen an den Kontrollstellen gesammelt haben

Laufrichtung

Der Weg der Helden ist in beiden Richtungen, von Ost nach West wie West nach Ost, gleich gut markiert. In der Slowakei wird der Weg oftmals auch als Dukla-Devin bezeichnet. Der Duklapass liegt im Osten, Devin als Stadtteil von Bratislava mit gleichnamiger Burg im Westen des Landes. Dementsprechend ist die Mehrheit der Slowaken, die den kompletten Weg ablaufen, von Ost nach West unterwegs.

Der Europäische Fernwanderweg E8 startet ganz im Westen Europas, in Dursey Head in Irland und verläuft durch England, die Niederlande, Deutschland, Österreich und Polen. Von hier an soll er in Zukunft weiter markiert werden und durch die Ukraine, Rumänien, Bulgarien bis nach Istanbul in die Türkei führen.

Wir starten im Westen und beschreiben den Wegverlauf Richtung Osten. Aus vielfachen Gründen haben wir uns für diese Laufrichtung entschieden:

- ▷ die Anreise nach Bratislava ist für deutschsprachige Wanderer aus Deutschland, Österreich und der Schweiz leichter als der abgelegene Duklapass
- ▷ Bratislava, als Hauptstadt der Slowakei, bietet als Startpunkt ideale Voraussetzungen wie eine aktive und informierte Touristeninformation, die hilfreich ist, wenn man weitere Informationen benötigt und detaillierte Karten erwerben möchte
- ▷ die Stadt bietet für Besucher eine moderne Infrastruktur an, um sich erst mal in Ruhe zu akklimatisieren
- ▷ Autofahrer finden hier bewachte Parkplätze vor
- ▷ der Weg von West nach Ost führt vom eher „Bekannten" zum eher „Unbekannten". So werden Sie in Bratislava viele Aufschriften auf Deutsch vorfinden, während Sie im Osten des Landes durch Dörfer wandern, wo die Menschen Russinisch sprechen
- ▷ im Osten der Slowakei wird die Markierung einen Tick spärlicher, so haben Sie Zeit, sich an die Wegführung und Markierungen zu gewöhnen
- ▷ der Weg wird weiter gen Osten zunehmend „wilder": Während Sie in den Kleinen Karpaten auf Mufflons treffen, werden Sie spätestens in der Großen Fatra Spuren von Bären, Wölfen und Luchsen finden

Reise-Infos von A bis Z

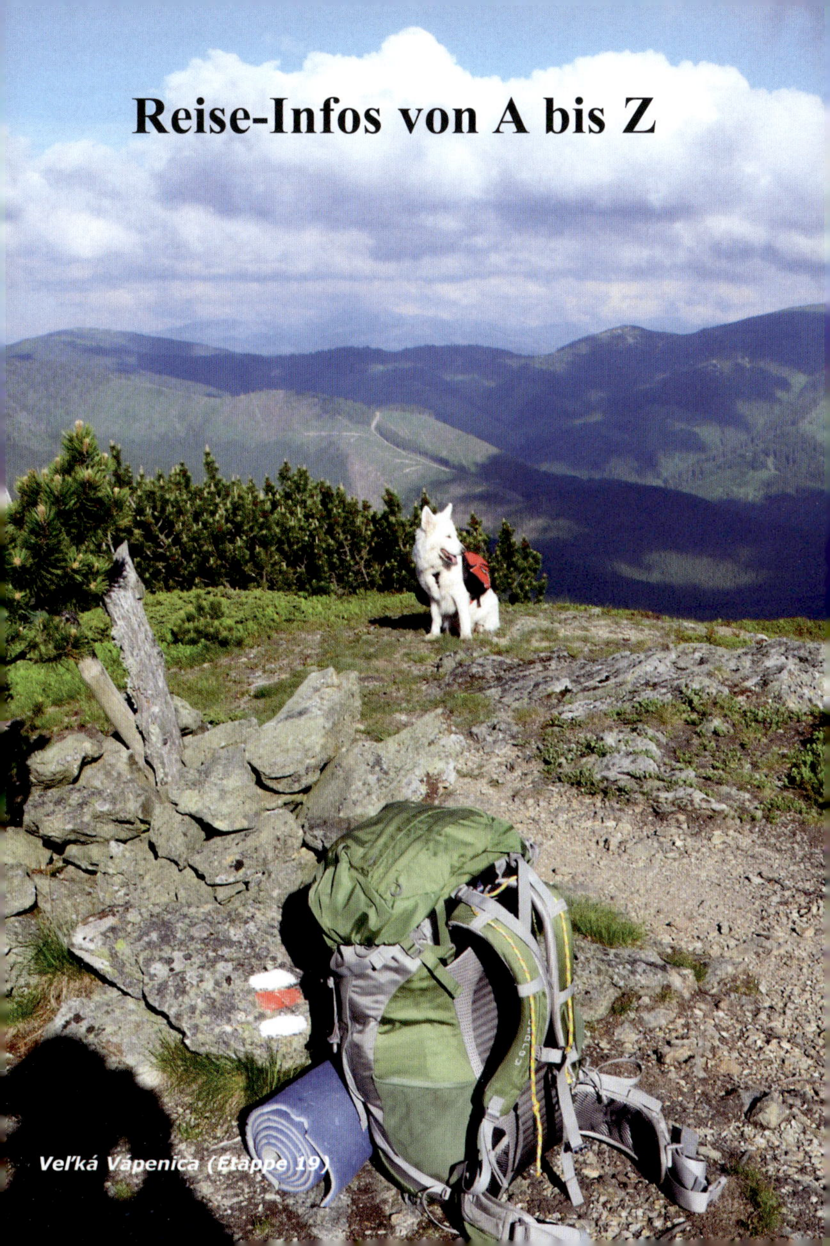

Veľká Vápenica (Etappe 19)

An- und Abreise und Verkehrsmittel unterwegs

Auto

Anreise aus Richtung Norden nach Bratislava über die E65 von Brünn (Brno) / Prag (Praha) oder aus dem Westen von Wien (Viedeň) über die E58/A6. Auf den Autobahnen in Österreich und Tschechien besteht Vignettenpflicht.

Abreise nach Norddeutschland über Krakau / Polen über die E40 / A4, wo eine Mautpflicht besteht. Nach Süddeutschland, Österreich und Schweiz durch die Slowakei über die E50 nach Ružomberok, dann über Donovaly und ins Banská Bystrica auf die E77 / R1 und Trnava auf die E58 / E 75 / D1 nach Bratislava. Auf den Autobahnen in der Slowakei besteht eine Vignettenpflicht.

Parken

In der Nähe vom Flughafen Bratislava gibt es eine Langzeit-Parkmöglichkeit, die wir empfehlen, weil es unserer Recherche nach die preiswerteste und sicherste Variante ist. Alle Infos auch auf Deutsch

www.parkovanieletisko.sk/#cennik

Schiff

Zwischen Wien und Bratislava verkehren regelmäßig Tragflügelboote, in der Hauptsaison täglich. Die sehenswerte Fahrt dauert 1 Std. 30 Min. Alle Infos unter

www.tragfluegelboot.at

Bahn & Bus

Das Reisen mit der Bahn ist in der Slowakei preiswert, allerdings gibt es nur zwischen den großen Städten Verbindungen.

Anreise nach **Bratislava**: gute Zugverbindungen von Prag, Wien und Budapest.

Abreise vom **Dukla-Pass**: von der Bushaltestelle Vyšný Komárnik,,št.hr. von Montag bis Freitag 5:50, 8:55, 11:20 und 17:05 nach Svidník. An Wochenenden und Feiertagen nur 1x täglich um 14:10. Von Svidník mit dem Bus mehrmals täglich nach Prešov und dann mit der Bahn oder dem Bus mehrmals täglich nach Bratislava oder Košice, wo es internationale Flughäfen und gute Zugverbindungen gibt.

In der Slowakei sind auch die kleinen und abgelegenen Dörfer mit Bussen an den öffentlichen Nahverkehr angeschlossen. Zwischen den großen Städten gibt es viele Verbindungen, ebenso zwischen Bratislava und vielen Städten in Deutschland, Österreich und der Schweiz. Busse sind meistens günstiger als die Bahn.

Die slowakischen Busfahrpläne sind nicht immer leicht verständlich, weil es viele Ausnahmeregelungen gibt, die dazu mit komplizierten Abkürzungen und Symbolen erklärt werden. Viele Slowaken spotten darüber, in dem sie behaupten, dass man für das Lesen eines slowakischen Busfahrplans mindestens zwei Semester Mathematik studiert haben muss. Ganz so schlimm ist es nicht, aber achten Sie bitte auf das Kleingedruckte unten auf dem Fahrplan!

Alle Infos zu Bus- und Bahnverbindungen auch auf Deutsch

www.cp.sk

Flug

Der Flughafen Bratislava (BTS) liegt 9 km vom Stadtzentrum entfernt. Zwischen Berlin und Bratislava gibt es eine direkte Flugverbindung.

www.bts.aero/de/passagiere/

Czech Airlines fliegt von Frankfurt am Main und Zürich via Prag nach Bratislava

www.csa.cz/en/portal/homepage/cz_homepage.htm

Für die Anreise empfiehlt sich ebenso der internationale Flughafen Wien-Schwechat (VIE), der von 71 Fluggesellschaften angeflogen wird. Zwischen den Flughäfen Wien und Bratislava verkehren täglich 21 Schnellbusse.

www.viennaairport.com/passagiere. Vom Flughafen Wien brauchen Sie mit dem Schnellbus 45 Min. bis zum Autobusbahnhof in Bratislava.

Abreise über den Flughafen Košice (KSC), der 6 km vom Stadtzentrum entfernt liegt. Es gibt regelmäßige Verbindungen nach Bratislava, Wien und Prag.

www.airportkosice.sk/en/

Taxi

In den größeren Städten stehen an den einschlägigen Plätzen wie z. B. Bus- und Bahnhöfen Taxis bereit. Allerdings sind diese Taxis wesentlich teurer, als wenn Sie das Taxi über eine Rufnummer anrufen.

In den kleinen Städten und Dörfern finden Sie oft an den Bus- und Zugfahrplänen Aufkleber mit Taxinummern. Oftmals sind das Ein-Mann-Betriebe, die zu fairen Preisen und zuverlässig arbeiten. Alle Taxis müssen einen Taxameter haben.

Taxis sind eine echte Alternative, falls es keine passenden Busverbindungen gibt. Häufig sprechen die Fahrer nur schlecht Englisch oder Deutsch, aber für eine einfache Verständigung über Start und Ziel sollte es in den meisten Fällen reichen.

Ausrüstung

Wenn Sie den Weg der Helden komplett laufen wollen, brauchen Sie eine Ausrüstung, mit der Sie draußen übernachten können. Wir haben uns dabei auf Isomatte, Schlafsack und ein Tarp beschränkt. Wo der Weg, wie in der Niederen Tatra, über die Baumgrenze führt, haben wir in Schutzhütten übernachtet.

Wir empfehlen Ihnen ein Pfefferspray zur Abwehr von Bären schnell erreichbar mit sich zu führen. Mehr dazu unter dem Punkt Bären!

Da Feuermachen in der freien Natur in der Regel verboten ist, sollten Sie einen Kocher mitnehmen, falls Sie warm essen und trinken möchten. Vielerorts sind Lagerfeuer zwar verboten, werden aber außerhalb der Nationalparks und Schutzgebiete oftmals toleriert.

Bei guter Planung haben Sie während der gesamten 760 km spätestens nach drei Tagen Zugang zu Lebensmitteln. Wir haben aus Gewichtsgründen auf einen Kocher samt Utensilien verzichtet und stattdessen jede Möglichkeit genutzt, um in den Dörfern einzukaufen oder in Berghütten zu essen.

Braunbären

Auf Ihrer Wanderung durch waldreiche und gebirgige Gebiete stellen Bären eine reale Gefahr dar. Bären werden in der Slowakei seit Jahrhunderten gejagt und haben somit keinerlei Interesse am Kontakt mit Menschen. Sie gehen den Menschen, wo sie können, weiträumig aus dem Weg. Unseres Wissens gibt es in Europa keinen dokumentierten Fall, in dem Braunbären hinter Wanderern hergeschlichen sind und sie angegriffen haben. Dennoch kam und kommt es in europäischen Bärengebieten immer wieder zu gefährlichen Situationen.

Bären haben eine hervorragende Nase und können über weite Distanzen riechen. Und so kommt der Bär, weil er etwas riecht, was er spannend findet, wie z. B. Schokolade, nachts ins Lager, während der Mensch schläft. Der Mensch befindet sich dann zwischen dem Bären und seinem Ziel. Dem können Sie vorbeugen, indem Sie alle Lebensmittel, Kosmetika, Medikamente - alles was riecht - 100 m vom Schlafplatz entfernt lagern. Am besten an der windabgewandten Seite. Wir lagern unsere Lebensmittel in einem Sack, den wir wegen der Mäuse in den Baum hängen. Das ist nicht bärensicher, aber bei Verlust unser gesamten Lebensmittel erreichen wir immer innerhalb einer Tageswanderung ein Dorf.

Zunehmend tauchen in Berichten Beschreibungen auf, wonach Hunde Bären aufgestöbert haben. Das sieht dann so aus, dass der Hund hinter dem Bär herläuft, bis dieser sich wiederum umdreht und hinter dem Hund herläuft. Der Hund sucht dann Schutz hinter seinem Herrchen, während der Bär im vollen Galopp angeprescht kommt. Keine angenehme Situation. Also am sichersten: Hunde bei unübersichtlichen Stellen anleinen! Auf der anderen Seite sind Hunde in der Nacht im Lager eine gute Alarmanlage, weil sie viel eher auf Bewegungen, Gerüche und Geräusche reagieren als wir Menschen. Aber auch hier gilt, dass der Hund angeleint sein sollte, damit das eingangs geschilderte Szenario nicht eintritt.

Gefährlich ist es auch, wenn Sie den Bär überraschen. Ein beliebtes Beispiel ist die Mutter mit ihren Kleinen und Sie geraten dazwischen. Oder Sie überraschen einen Bären am Riss (an einem Kadaver), den er dann verteidigen will. Das können Sie vermeiden, wenn Sie an unübersichtlichen Stellen, in der Dämmerung oder wenn, wie z. B. bei Sturm, die Möglichkeit, sie frühzeitig wahrzunehmen, eingeschränkt ist, selbst einfach laut sind. Sie können singen, sich laut unterhalten, mit dem Wanderstab gegen Bäume schlagen usw. Einige Wanderer tragen Glocken am Rucksack. Kurz: Es ist Ihre Aufgabe, Bären nicht zu überraschen!

Bärenspur

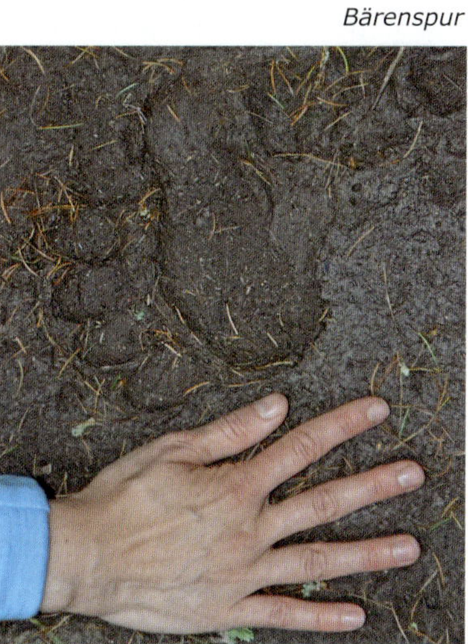

Wir schlafen ungern in der Nähe von Schutzhütten, wenn dort Lebensmittelreste oder Müll herumliegen oder lagen. Ein Bär auf Nahrungssuche, der dort einmal erfolgreich war, neigt dazu, immer wieder mal vorbeizukommen. Meiden Sie diese Plätze! Bei jedem unserer Schlafplätze machen wir einen kleinen Rundgang und halten nach Spuren von Bären wie Losung und Trittsiegel Ausschau.

Auch wenn die Slowakei eine stabile Bärenpopulation von mehreren Hundert Individuen aufweist, ist die Chance, einen Bären zu sichten, relativ gering. Sie sind, wie bereits gesagt, sehr scheu und häufig dann aktiv, wenn wir Menschen es nicht sind.

Wenn Sie einen Bären aus sicherer Entfernung beobachten können, dann ist das ein tolles und seltenes Geschenk, über das Sie sich freuen können. Sollte der Bär auf Sie zukommen, dann machen Sie ihn mit ruhiger Stimme auf sich aufmerksam. Er oder sie wird Ihnen dann aus dem Weg gehen. Sollten Sie einen Bären in naher Entfernung sichten, dann bleiben Sie bitte ruhig stehen. Laufen Sie nicht weg, das könnte den Beutereflex auslösen. Versuchen Sie, ihm mit Ihrer

Körpersprache zu vermitteln, dass Sie keinerlei Interesse an einen Konflikt haben. Sollte sich der Bär auf die Hinterbeine stellen, heißt das nicht automatisch, dass er aggressiv ist, sondern dass er sich eine bessere Übersicht verschaffen will.

Wir empfehlen Ihnen, während der Wanderung ein Anti-Bärenspray gut erreichbar bei sich zu tragen und natürlich die Handhabung zuvor zu trainieren! In den seltenen Fällen, in denen der Bär wirklich angreift, können Sie sich damit wirkungsvoll verteidigen.

Diplomatische Vertretungen

(D) Botschaft der Bundesrepublik Deutschland, Hviezdoslavovo nám. 10, 81303 Bratislava, Slowakische Republik, 09 03/44 46 33, 02/59 20 44 00, 02/59 20 44 40, FAX 02/54 41 96 34, www.pressburg.diplo.de,

(A) Österreichische Botschaft Pressburg, Hodžovo námestie 1/A, 81106 Bratislava, Slowakische Republik, 02/59 30 15 00, FAX 02/54 43 24 86, www.aussenministerium.at/pressburg, pressburg-ob@bmeia.gv.at

(CH) Schweizerische Botschaft in Bratislava Michalská 12, 81101 Bratislava, Slowakische Republik, 02/59 30 11 11, FAX 02/59 30 11 00, www.eda.admin.ch/bratislava, bts.vertretung@eda.admin.ch

Einkaufen

Gewöhnlich haben die großen Supermärkte 7 Tage die Woche von 7:00 bis 21:00 Uhr geöffnet. Die kleinen Dorfläden sind üblicherweise von Montag bis Samstag von 7:00 bis 16:00 geöffnet, bei einem Ruhetag in der Woche. Wir haben die Öffnungszeiten der kleinen Dorfläden, bei denen Sie auf Ihrer Wanderung vorbeikommen, recherchiert und angegeben. Die Erfahrung zeigt aber, dass sich die Öffnungszeiten recht schnell ändern können. Wir haben die Etappen so geplant, dass Sie spätestens alle drei Tage an einem Lebensmittelladen vorbeikommen oder ihn per Bus erreichen können.

Essen und Trinken

Die slowakische Küche ist deftig und handfest. Gourmets, die raffinierte Feinheiten erwarten, werden enttäuscht sein. Sollten Sie aber nach einem langen Wandertag mit einem kräftigen Appetit gesegnet sein, dann werden Sie genug zur Auswahl finden, um richtig satt zu werden.

Koliba oder Salaš heißen Restaurants, wo Sie typische slowakische Gerichte essen können wie:

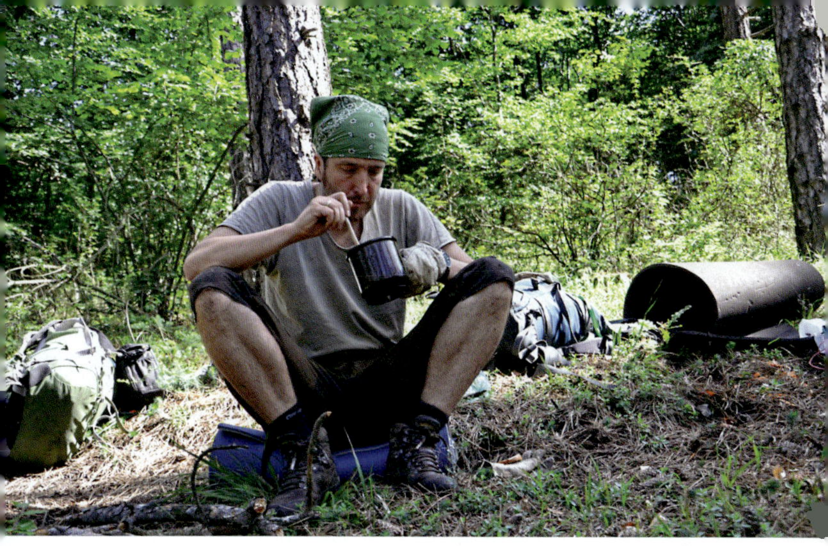

Mittagspause hinter Dobrá Voda

- **Bryndzové halušky** ist unbestritten das Nationalgericht und besteht aus Kartoffelnocken mit Bryndza, einem Frischkäse aus Schafsmilch, und ausgelassenen Speck.
- **Cesnaková polievka**: Kräftige Knoblauchsuppe. Unbedingt mitessen, wenn Ihre Zimmergenossen das bestellen.
- **Kapustnica**: Krautsuppe mit deftigen Würsten, hält die Seele bei langen Regentagen zusammen.
- **Pstruh na rošte**: Gegrillte Forelle. Kommt oftmals fangfrisch aus dem Bach unweit der Koliba.
- **Guláš**: Kennt jeder aus der ungarischen Küche und doch hat jeder Koch ein uraltes Geheimrezept.
- **Šúľance s makom**: Wie Schupfnudeln, mit Puderzucker und Mohn bestreut.
- **Vyprážaný syr**: Panierter Käse. Für Vegetarier oftmals die Rettung. Wird mit Tatarensoße (tatárska omáčka) geliefert.
- **Pirohy**: Teigtaschen. Können mit Fleisch, Kraut, Kartoffeln oder Süßem gefüllt sein.

Daneben gibt es natürlich die üblichen Gerichte wie Schnitzel-mit-Beilagen-Varianten, Pizza und Spaghetti.

Üblich sind zwei warme Mahlzeiten am Tag, wobei eine gute Suppe (*polievka*) vorweg ein Muss ist. Das Frühstück kann gerne üppig sein, wobei Hotels zunehmend auch Frühstücksbüffets anbieten. Das Bier ist ausgezeichnet. Gute Marken sind: Zlatý bažant, Corgoň, Šariš, Smädný mních oder Topvar. Typisch sind Pflaumen- (*slivovica*) und Wacholderschnäpse (*borovička*), die auch gerne zur Feier des Gipfels getrunken werden. Ein türkischer Kaffee (*turecká káva*) kommt mit Bodensatz, während Preso ein Espresso ist und Sie bei Nescafe einen löslichen Kaffee bestellen.

Geld

Die Slowakei ist seit 2009 Teil der Europäischen Währungsunion. In jedem größeren Ort gibt es Geldautomaten. In den größeren Hotels werden Kredit- und Maestrokarten akzeptiert. Pensionen, Berghütten, kleine Dorfläden usw. verlangen in der Regel Barzahlung.

Gepäckservice

Die Idee, dass Unterkünfte gegen Bezahlung Gepäck bis zum nächsten Etappenziel bringen, ist so gut wie nicht bekannt. Eine Alternative wäre, einen Taxifahrer damit zu beauftragen. Das geht allerdings nur dort, wo Ihr Etappenziel Anbindung an eine Asphaltstraße hat, was häufig nicht der Fall ist.

Hunde

Hunde sind herrliche Wandergefährten! Ihre feinen Sinne können uns helfen, Dinge wahrzunehmen, die sonst von uns unbemerkt bleiben würden. Dank unserer weißen Schäferhündin Čajka haben wir auf unseren Wanderungen viele Wildtiere beobachten können, die sie zuvor gewittert hat. Hunde schützen uns mit ihrer Wachsamkeit in der Nacht vor unliebsamen Besuch und ihre unbändige Lebensfreude gibt uns Kraft, wenn wir mal den Kopf hängen lassen.

Der Nachteil ist, dass Hunde zusätzliches Gewicht bedeuten: Hundefutter, Leine, Geschirr, Maulkorb, Ausweis usw. summieren sich schnell in ungewünschte Höhen. Hunde, die an Hunderucksäcke gewöhnt sind, können einen Teil der Last des Mensch-Hunde-Gespanns übernehmen.

Die allermeisten Etappen sind so wasserreich, dass Hunde unterwegs genug zu trinken finden. Bei einigen Kammetappen haben wir unsere Hündin morgens und abends extra „gewässert“. Soll heißen: Wir reichern ein wenig Trockenfutter mit viel Wasser an, bis es sich auflöst. Das hat unsere Hündin gerne zu sich genommen und diese Extraportion an Wasser hilft, um über trockene Strecken hinwegzukommen. Hundefutter bekommen Sie selbst in den kleinen Dorfläden.

Um Konflikte mit Wildtieren - Stichwort Bären - zu vermeiden, sollten Hunde jederzeit unter Kontrolle stehen. Gehorchen sie nicht zuverlässig, gehören sie unbedingt an die Leine. Zu ihrer eigenen Sicherheit, zum Schutz der Wildtiere und zur Sicherheit der beteiligten Menschen. In den Nationalparks besteht generelle Leinenpflicht, in der Niederen Tatra kommt dazu die Maulkorbpflicht.

Čajka trinkt Wasser. Auf dem Rücken hat sie ihren Hunderucksack.

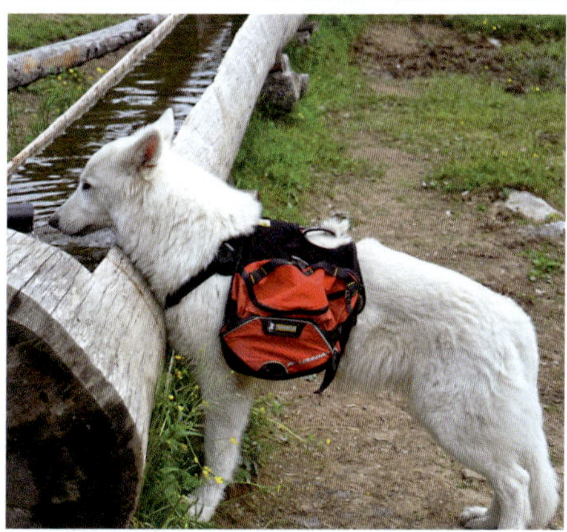

In der Slowakei begegnen Ihnen kaum freilaufende Hunde mit Ausnahme einiger weniger Hirtenhunde, die aber zumeist nicht weit entfernt von ihrem Hirten unterwegs sind.

In den letzten Jahren nehmen Unterkünfte immer bereitwilliger Wanderer mit Hunden auf. In der Regel wird für den Hund eine Extra-Gebühr verlangt.

Information

- www.hiking.sk ist eine wahre Fundgrube an gut recherchierten Infos übers Wandern in der Slowakei - leider nur auf Slowakisch. Unter http://mapy.hiking.sk/?ref=navigator haben Sie allerdings Zugang zu einer Online-Karte, auf der das gesamte slowakische Wanderwegenetz zu finden ist und die über viele Funktionen, wie z. B. Entfernungsmesser, Höhenangabe usw., verfügt. Eine wichtige Adresse, um sich online auf Wanderungen in der Slowakei vorzubereiten.
- Unter http://mapy.hiking.sk/?katalog=8 finden Sie den gesamten Weg der Helden auf der Online-Karte, in die Sie auch beliebig hinein- und hinauszoomen können. Hier können Sie auch Teilabschnitte ausdrucken.
- Informationen zu den Schnee- und Wetterverhältnissen in der Großen Fatra und in der Niederen Tatra erhalten Sie über den Bergrettungsdienst unter www.hzs.sk/aktualne-informacie/pocasie-na-horach/. Ebenfalls nur auf Slowakisch, aber dank der Darstellung mit Piktogrammen müssten die Infos auch ohne Sprachkenntnisse verständlich sein.

- www.cestasnp.sk ist eine slowakische Website, die sich nur dem Weg der Helden widmet. Umfangreiche Infos, leider nur auf Slowakisch.
- Unter http://cestasnp.sk/index.php/profil#comments finden Sie den Wegverlauf mit Entfernungen, Stundenangaben, Höhenprofilen etc. und können Sie auch als Excel-Datei herrunterladen.
- GPS-Daten zum Herunterladen finden Sie unter http://cestasnp.sk/index.php/mapy/gps/137-tracky-z-gps-na-stiahnutie

Allgemeine touristische Infos zur Slowakei auf Deutsch:
http://slovakia.travel/de

Infos zu den Nationalparks und Landschaftsschutzgebieten finden Sie hier:
http://slovakia.travel/de/slowakei-entdecken/natur-und-landschaft/berge

Karten & GPS-Track

Karten

Der Weg der Helden ist durchgängig gut markiert, Auf http://mapy.hiking.sk/?ref=navigator können Sie sich bei Bedarf selbst Karten zusammenstellen und ausdrucken.

Die GPS-tauglichen Karten des slowakischen Verlags VKÚ Harmanec sind präzise, zuverlässig, vor Ort leicht zu erwerben und warten mit Gehzeiten und einer deutschsprachigen Legende auf. Um den kompletten Weg von Devin in Bratislava bis zum Dukla-Pass an der polnischen Grenze abzudecken, brauchen Sie die folgenden Karten im Maßstab von 1:50.000: 127, 128, 129, 107, 119, 120, 132, 121, 122, 123, 124, 125, 136, 115, 104, 105, 106.

Direkt beim Verlag können Sie sich einen Überblick verschaffen:
www.vku.sk/index.php?op=eShop&kategoria=34

Nach einer Anmeldung können Sie die Karten online bestellen. Bei Fragen steht der Verlag auch gerne per vku@vku.sk zur Verfügung. Im einschlägigen Internetversand (z. B. mapfox.de) können Sie die Karten ebenfalls bestellen.

Die tschechischen Karten von SHOCart schneiden im direkten Vergleich schlechter ab. Sie können Sie online direkt beim Verlag www.shocart.cz oder über den deutschen Buchhandel bestellen.

Für den kompletten Weg brauchen Sie folgende Karten: 1087, 1079, 1074, 72, 1075, 1093, 1083, 1084, 1094, 1102, 1106, 1108, 1109, 1111, 1112, 1113, 1116.

GPS-Track

Sie können den GPS-Track zu dem beschriebenen Weg unter dem folgenden Link herunterladen 💻 http://gps.conrad-stein-verlag.de/308WegderHelden01pj38.zip

Wenn Sie diese URL in Ihrem Internetbrowser eingegeben haben (bitte auf Groß- und Kleinschreibung achten), öffnet sich entweder ein Downloadfenster oder es startet direkt ein Download. Ist Letzteres der Fall, finden Sie die GPS-Tracks (als ZIP-Datei) kurz darauf in Ihrem Download-Ordner. Mit einem Programm wie Winzip können Sie die Datei ganz einfach entpacken.

Klima und Reisezeit

Jede Jahreszeit hat ihre besonderen Geschenke. Im Frühling erblühen die Kräuterwiesen in bunter Pracht und die Vögel singen ihre Lieder tagein tagaus. Im Sommer sind die Tage warm und lang und die Nächte angenehm. Im Herbst röhren Hirsche in den Tälern und die Laubwälder wechseln nahezu tägliche ihre Farben und im Winter hinterlassen Tiere ihre Geschichten in Form von Spuren im Schnee.

Im Prinzip können Sie den Weg der Helden in allen vier Jahreszeiten bewältigen. Allerdings sollten Sie sehr erfahren sein, wenn Sie die Niedere Tatra im Winter durchlaufen. Schneehöhen von 1 m und Temperaturen unter 20°C sind keine Seltenheit.

Als Reisezeit bietet sich der Zeitraum von Juni bis September an. Die Berge sollten dann schneefrei sein und die Temperaturen in der Nacht über Null. Allerdings haben wir in der Niederen Tatra auch schon im August leichten Schneefall erlebt.

Im Wonnemonat Mai und im Altweibersommer im Oktober ist das Wetter oftmals ausgezeichnet, Sie sollten sich aber, wenn Sie die gebirgigen Strecken wandern wollen, im Vorfeld über die Schneeverhältnisse erkundigen.

Kommunikation

✆ Die internationale Vorwahlnummer für die Slowakei ist 00421.

📱 Entlang des E8 haben Sie nicht immer Empfang, vor allem in einigen tief eingeschnittenen Tälern. Auf den meisten Bergrücken werden Sie aber ein Netz finden. Telefonzellen gibt es kaum noch oder funktionieren nicht mehr.

📯 Auch in der Slowakei wird es zunehmend schwieriger, in kleinen Dörfern Postfilialen zu finden. In größeren Dörfern und in Städten finden Sie in der Stadt- oder Dorfmitte eine Filiale.

Viele Unterkünfte, Restaurants, Cafés bieten mittlerweile kostenloses WiFi an. Internetcafés gibt es nur noch vereinzelt in Städten. Falls Sie ein Smartphone besitzen, könnten Sie sich als Alternative eine slowakische Handykarte mit Internetzugang zulegen.

Körperliche und psychische Voraussetzung

Der Weg der Helden ist kein leichter Wanderweg. Auf einigen Etappen sollten Sie in der Lage sein, mehr als 25 km und 1.500 hm mit Gepäck zu bewältigen. Andererseits haben Sie bei vielen Etappen die Möglichkeit, sie zu verkürzen, falls sie zu lang erscheinen. Mit einer geeigneten Ausrüstung sind Sie sowieso flexibel, um bei Bedarf einen Platz zum Biwakieren zu finden, da die Wälder und Gebirge groß genug sind.

Falls Sie es nicht gewöhnt sind, sollten Sie sich möglicherweise auf Trainingswanderungen mit schlechtem Wetter, Kälte und Nässe vertraut machen. Viele Wanderer, die draußen biwakieren, berichten darüber, dass sie in der Nacht unter Angst vor Bären leiden und sich deswegen schlechter erholen.

Wir achten sehr auf die Signale unseres Körpers. Sind wir abends erschöpft, wandern wir den nächsten Tag weniger. Haben wir unseren Wanderrhythmus gefunden, bleiben wir dabei und gestatten unserem Ehrgeiz nicht, die Ziele hochzuschrauben.

Unsere Zielsetzungen vor der Wanderung bestimmen die Ergebnisse auf dem Weg. Sagen wir uns, dass wir in 10 Tagen von A nach B kommen wollen, dann ist ein Sturm ein ärgerliches Hindernis, dass uns verlangsamt und hindert, rechtzeitig B zu erreichen. Gehen wir jedoch mit der Motivation, 10 Tage auf dem Weg der Helden zu sein, dann kann ein Regentag ein guter Anlass sein, um sich in der Berghütte auszuruhen und mit anderen Wanderern in Kontakt zu kommen. Häufig ist es nicht der Berg oder das schlechte Wetter, was uns in Gefahr bringt, sondern der Terminkalender in unserem Kopf.

Medizinische Versorgung

Auf Reisen in der Slowakei sind Sie mit der europäischen Krankenversicherungskarte EHIC geschützt. Empfehlenswert ist eine private Auslandsreise-Krankenversicherung, die weitergehende Leistungen übernimmt, wie einen medizinisch notwendigen Rücktransport.

In folgenden Städten am Wegesrand finden Sie ein Krankenhaus bzw. ärztliche Versorgung: Bratislava, Brezová pod Bradlom, Myjava, Trenčín, Trenčianske Teplice, Kremnica, Košice, Prešov, Bardejov, Svidník.

☆ Notruf

Auch in der Slowakei gilt der internationale Notruf 112, über den Sie Polizei, Feuerwehr und Rettungsdienst erreichen können. In den Nationalparks Große Fatra und Niedere Tatra gibt es einen eigenständigen Bergrettungsdienst, den Sie unter der Nummer ☎ 183 00 erreichen.

Bedenken Sie bitte, dass außerhalb der beiden Nationalparks keine speziellen Bergrettungsdienste existieren und es unter Umständen lange dauern kann, vor allem in unwegsamem Gelände, bis die Rettungskräfte eintreffen. Ein Outdoor-Erste-Hilfe-Kurs ist eine sinnvolle Vorbereitung.

Radfahren

Der Weg der Helden ist ein Wanderweg. Große Strecken auf dem E8 sind selbst mit Mountainbike nicht zu bewältigen oder für die Radbenutzung verboten.

Sicherheit

Die Slowakei ist ein sicheres Reiseland! Sie brauchen kein erhöhtes Risiko von Taschen- oder Autodiebstahl befürchten, wenn Sie die in Mitteleuropa gängigen Vorsichtsmaßnahmen einhalten. In der Slowakei wird mitunter pauschal vor gefährlichen Roma gewarnt. Das ist Blödsinn! und beruht auf Vorurteilen, statt auf Fakten.

Sprache

Landessprache ist Slowakisch. Tschechisch ist eine eigene Sprache, auch wenn sie mit dem Slowakischen eng verwandt ist. Mit jungen Menschen werden Sie sich in der Regel auf Englisch unterhalten können, da Englisch schon von der Grundschule an unterrichtet wird. Bei Älteren werden Sie häufig mit Deutsch mehr Erfolg haben. Zu sozialistischen Zeiten war Russisch ein Pflichtfach in der Schule, aber sehr unbeliebt. Im südlichen Teil der Slowakei sprechen viele Menschen neben Slowakisch auch Ungarisch.

Unterkunft

Nicht bei jeder Etappe werden Sie eine Unterkunft vom Wanderweg aus erreichen. Deswegen brauchen Sie die notwendige Ausrüstung und Erfahrung, um draußen übernachten zu können.

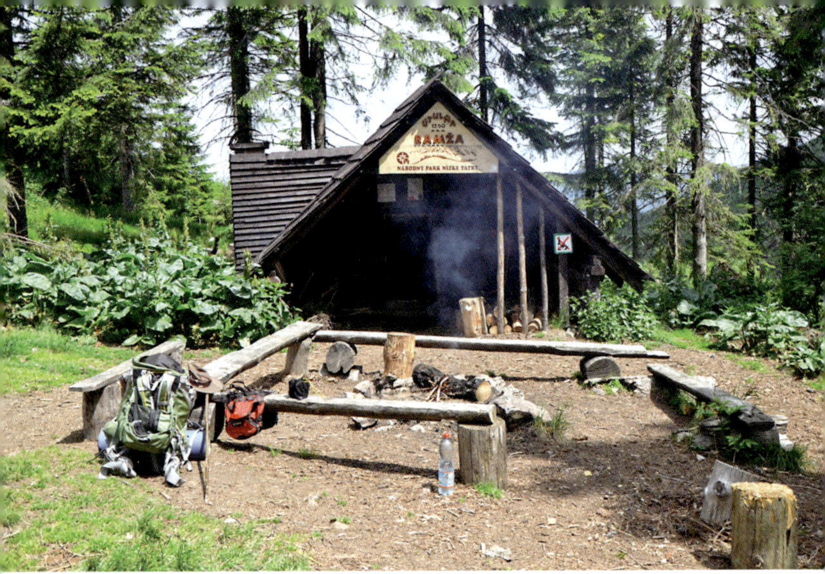

Schutzhütte Ramža

Als Orientierung können Sie mit folgenden Preisen pro Person und Übernachtung ohne Frühstück rechnen:

- ▷ Einfache Hotels € 20-40
- ▷ Hostels € 15-40
- ▷ Pensionen € 15-25
- ▷ Privatzimmer € 10-15
- ▷ Berghütten € 8-15
- ▷ Zelten rings um die Berghütte € 0-8

Das Zelten / Biwakieren ist in den Nationalparks Große Fatra und Niedere Tatra nur an ausgewiesenen Stellen erlaubt:

Niedere Tatra

- ▷ Bei der Schutzhütte Hiadeľské sedlo
- ▷ Bei der Schutzhütte sedlo Ramža
- ▷ Auf dem Sattel sedlo Priehyba
- ▷ Bei der Berghütte Ďurková
- ▷ Čertovica unterhalb der Bergrettung und hinter dem Motorrest
- ▷ Bei der Schutzhütte sedlo Andrejcová
- ▷ Auf dem Sattel Predné sedlo pod Kráľovou hoľou

Große Fatra

- ▷ Rings des Berghotels Kráľova Studňa
- ▷ In Gebieten mit der Schutzstufe III - IV wie Naturreservat (PR) und Nationales Naturreservat (NPR) ist das Zelten / Biwakieren verboten. Auf diese Gebiete wird mit Warnschildern hingewiesen (wenn auch nicht immer).

In Landschaftsschutzgebieten (CHKO) gilt grundsätzlich die Schutzstufe II. Hier greifen die Forstgesetze, die Zelten im Wald untersagen. Wie in anderen Ländern gibt es hier auch die Grauzone, ob Biwakieren (Übernachten unter freiem Himmel oder nur unter einer Plane) als Zelten zählt oder nicht. Auf Grundstücken wie Wiesen, die in Privatbesitz sind, muss die Erlaubnis des Besitzers eingeholt werden.

Soweit die offiziellen Gesetze. Daneben existieren in der Slowakei, wie in anderen Ländern auch, ungeschriebene Regeln und Gepflogenheiten, die das Zusammenleben von Wanderern und Nichtwanderern im Alltag regeln. So ist unsere Erfahrung, dass Zelten und Biwakieren an Schutzdächern, Rastplätzen und Wiesen außerhalb der Nationalparks und Reservate und in der Nähe vom Wanderweg bei rücksichtsvollem Verhalten gutmütig toleriert werden. Wir haben die Etappen so gewählt, dass Sie täglich an einer Unterkunft oder Möglichkeit zum Zelten / Biwakieren vorbeikommen.

Updates

Der Conrad Stein Verlag veröffentlicht Updates zu diesem Buch, die direkt von den Autoren oder von Lesern dieses Buches stammen. Bitte suchen Sie vor Ihrer Abreise auf der Verlags-Homepage 💻 www.conrad-stein-verlag.de diesen Titel. Unter dem Link „mehr lesen" finden Sie alle wichtigen Informationen. Der abgebildete QR-Code führt Sie direkt zu der richtigen Seite.

Wegmarkierungen

Die Wanderwege in der Slowakei sind länger als 14.000 km und werden seit 130 Jahren gewissenhaft instand gehalten. Es ist keine Prahlerei, zu behaupten, dass die Slowakei zusammen mit Tschechien über eins der besten Wanderwegenetze in Europa verfügt. Schon in der damaligen Tschechoslowakei entstand eine bis heute gültige staatliche Norm, die regelt, wie Markierungen auszusehen haben, welche Informationen darauf enthalten sein müssen und wie sie angebracht werden. Der Vorteil liegt auf der Hand - haben Sie einmal die Logik verstanden, ist es ein Kinderspiel, der Ausschilderung in beiden Ländern zu folgen.

Der Weg der Helden ist durchgängig ausgeschildert. Wir geben Hilfen, wo die Markierungen fehlen oder missverständlich sind, z. B. wenn aufgrund von Rodungen Bäume mit Markierungen fehlen. Im Osten des Landes, wo die Gebiete dünner besiedelt sind, erscheint uns die Markierung ein wenig schlechter als im Westen oder in den touristischen Sahnestücken in der mittleren Slowakei.

▷ Der E8 - der Weg der Helden des slowakischen Nationalaufstandes - ist durchgängig mit roten Balken (Querstreifen) auf weißem Grund markiert.

▷ Abzweigungen werden mit rotem Pfeil auf weißem Grund kommuniziert.

▷ Ein roter Halbkreis verweist auf eine Quelle. Oftmals finden Sie auch die Entfernung vom Weg mit angegeben.

▷ Ein rotes Dreieck auf weißem Grund verweist auf einen Gipfel oder einen Aussichtspunkt, wenn diese nicht direkt am Weg liegen.

▷ Ein rotes „L" auf weißem Grund verweist auf eine Burgruine oder andere sehenswerte historische Gebäude.

▷ Ein auf dem Kopf stehendes rotes „T" auf weißem Grund verweist auf andere Begebenheiten, die für Wanderer interessant sein können.

Markierung für Weg und Wasser

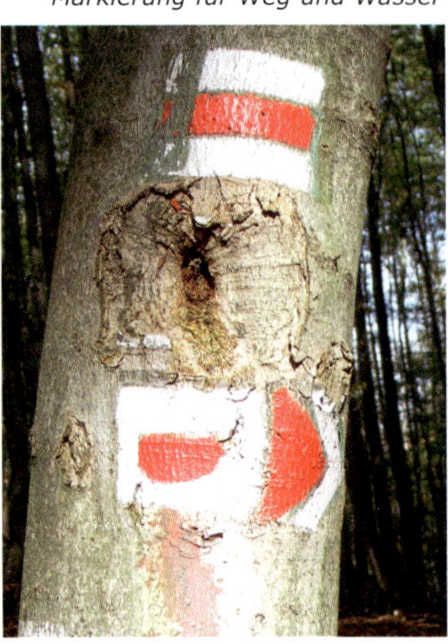

Wegweiser enthalten folgende Infos:

▷ Den Namen des Weges, auf dem Sie sich befinden. Der Weg der Helden heißt auf Slowakisch: Cesta Hrdinov SNP.

▷ Maximal drei Zielorte, mit jeweiliger Höhenangabe und Entfernung in Stunden/Minuten oder Kilometern und in Klammern, ob Sie einen Bus oder Zug (*Vlak*) in dem Ort erreichen können.

▷ Unten auf dem Schild finden Sie noch die Jahreszahl, wann das Schild angebracht wurde und welche Organisation es angebracht hat. In der Regel ist das der Klub der slowakischen Touristen (KST). Unten rechts befindet sich eine Inventurnummer.

▷ Internationale Wege wie der E8 haben in der Farbmarkierung noch das entsprechende Kürzel. Durch die Slowakei verlaufen die internationalen Wanderwege E8, E3 und der I23.

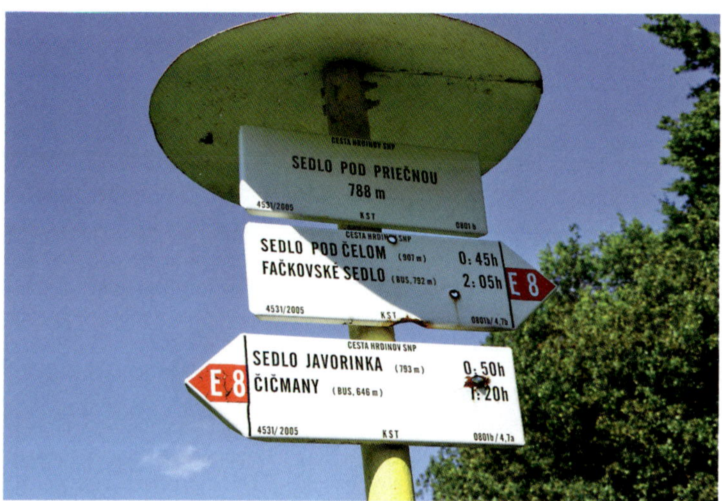

Wegpunkt mit Pilzdach

Wegpunkte

Wegpunkte haben neben dem Wegweiser noch ein Schild mit dem Namen des jeweiligen Ortes. Oftmals ist die Beschilderung an einer gelben Stange mit einem roten Dach angebracht.

Die Markierungen sind in der Regel auf Augenhöhe angebracht. Vor Abzweigungen finden Sie Pfeile und nach der Abzweigung erfolgt eine Bestätigungsmarkierung. Hilfreich ist auch, sich ab und zu umzudrehen und auf die Markierungen der entgegengesetzten Richtung zu achten. Markierungen finden Sie auf Bäumen, Gebäuden, Felsen, Brücken und bei weiträumigen Freiflächen auf gelben Signalstangen.

Rote Markierungen bezeichnen Fernwege (Magistrale), die oft ganze oder mehrere Gebirge und Regionen durchqueren. Der blaue oder der grüne Balken auf weißem Grund bezeichnet regionale Wanderwege mittlerer Distanzen. Gelbe Wanderwege sind Verbindungswege, die häufig bei Bus- oder Bahnhöfen beginnen / enden.

Wasser

Oftmals finden Sie auf dem Wanderweg den Hinweis auf eine Quelle (roter Halbkreis auf weißem Grund), die meistens staatlich kontrolliert wird. In Dörfern reagieren Anwohner auf „Wasser bitte" (*Voda prosím*) hilfsbereit. Im Gebirge und in den Wäldern können Sie Wasser aus schnellfließenden Bächen trinken, wenn es bachaufwärts keine menschlichen Ansiedlungen gibt.

Bei einigen Abschnitten über Höhenrücken und Kämme müssen Sie sich im Vorfeld mit Wasser eindecken, da Sie unterwegs keins finden werden, wenn Sie nicht absteigen wollen.

Zeit

Auf den Wegweisern des KST werden die Entfernungen in Stunden und Minuten angegeben. Wir empfinden Zeitangaben verlässlicher als Angaben in Kilometern, die nichts über Höhenmeter aussagen. Der KST ermittelt die Zeitangaben nach einer komplizierten Formel für einen „durchschnittlichen Wanderer mit mittlerem Gepäck", die mehrere Faktoren berücksichtigt, wie Kilometer, Höhenmeter, Zustand des Weges usw.

Wir können uns verlässlich an diesen Zeitangaben orientieren, wenn wir unser eigenes Tempo dazu in Relation setzen. So stellen wir auf unseren Recherchewanderungen regelmäßig fest, dass wir etwas weniger Zeit brauchen als angegeben.

Wichtig bei der Planung ist, dass es sich bei den Zeitangaben um reine Laufzeiten handelt. Darin sind keine Pausen enthalten. Wir fahren gut mit der Faustformel, dass wir 1/3 auf die reine Laufzeit draufschlagen. Das heißt: Bei einer geplanten reinen Laufzeit von 6 Std., rechnen wir mit einer tatsächlichen Wanderung von 8 Std. Darin sind dann Pausen, Essenszeiten, Fotos usw. enthalten.

Für eine grundsätzliche Planung setzen wir 1 Std. für 3 km an. Für 300-400 hm berechnen wir eine zusätzliche Stunde. Das hört sich nicht nach viel an, ist aber für uns passend, da wir berücksichtigen, dass wir mit Gepäck mehrere Tage unterwegs sind und gerne noch Kraftreserven am Ende des Tages haben.

Wir haben festgestellt, dass unsere Ausdauer in einem harmonischen Rhythmus liegt. Vormittags gehen wir 3-4 Std., wobei wir regelmäßig 3-4 kurze Pausen machen. Bei gutem Wetter halten wir eine längere Mittagspause, wenn möglich mit Schläfchen in der Sonne. Und darauf folgt am Nachmittag nochmals ein Block von 3-4 Std. mit kurzen Pausen. Lassen wir die kurzen Pausen weg, so haben wir festgestellt, sind wir abends wesentlich erschöpfter und haben auch nicht mehr Strecke zurückgelegt.

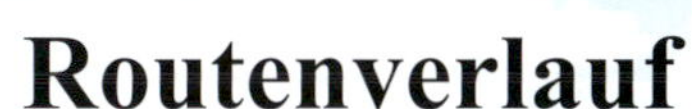

Routenverlauf

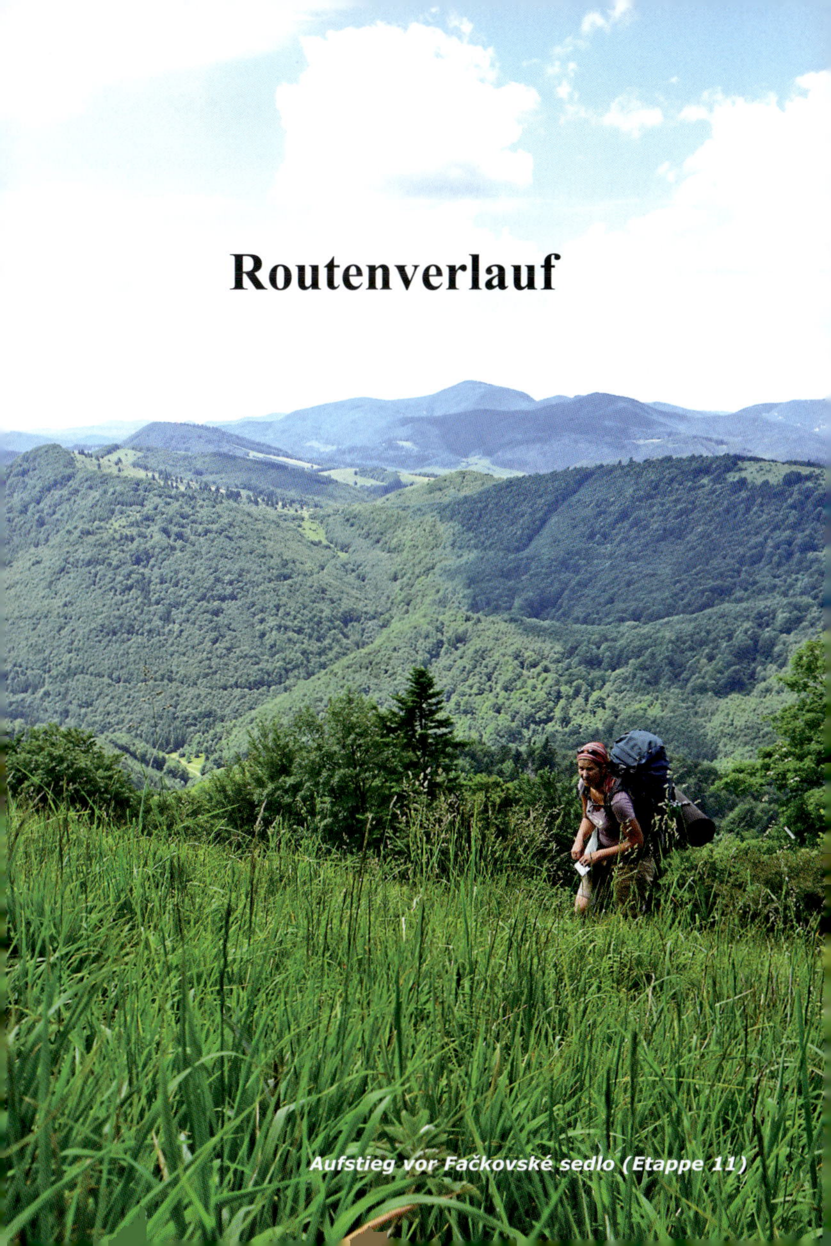

Aufstieg vor Fačkovské sedlo (Etappe 11)

Bratislava

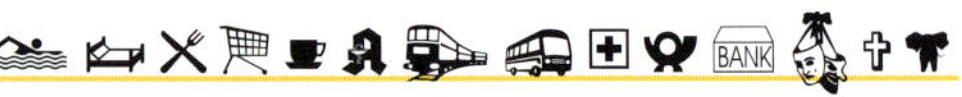

Bratislava ist die Hauptstadt der Slowakei. Mit 425.500 Einwohnern ist sie auch die größte Stadt des Landes. Die erste Besiedlung des Gebietes wird schon um Jahr 5.000 vor Christus datiert. Seit dem Jahr 1.000 war Bratislava ein Teil von Ungarn und erhielt im 13. Jh. die Stadtrechte. Im 16. Jh. drangen die Osmanen weiter nach Europa vor. Im Jahre 1536 wurde Bratislava als Hautstadt von Großungarn ausgerufen, so dass Bratislava noch unter dem Namen Pressburg, Pozsony, Prešporok bekannt ist. Zwischen 1563 und 1830 wurden im Dom des Heiligen Martins 11 Könige gekrönt. Das 18 Jh. war die Blütezeit von Bratislava. Sie war die größte und bedeutendste Stadt in Ungarn. In der Stadt wurden viele Schlösser, Kirchen und Kloster gebaut. Mitte des 19. Jh. verlor sie aber ihren Status als Hauptstadt an Budapest. 1919 wurde die Stadt Teil der ersten Tschechoslowakischen Republik. Aus dieser Zeit stammt auch der Name Bratislava.

Im März 1939 entstand auf dem Territorium der Slowakei ein selbstständiger Slowakischer Staat, der mit Hitlerdeutschland kooperierte. Kurz vor Kriegsende wurde Bratislava, als Hauptstadt eines mit dem Hitler-Deutschland alliierten Staates, auch von der amerikanischen Luftwaffe bombardiert. Am 4. April 1945 wurde die Stadt von der sowjetischen Armee befreit. Nach dem zweiten Weltkrieg verlor Bratislava ihre multikulturelle Atmosphäre, da deutsche und ungarische Einwohner vertrieben wurden und der Großteil der jüdischen Bevölkerung in den Lagern umgekommen ist. Die Stadt wurde nach dem Krieg Teil der Tschechoslowakei bis zur Gründung der Slowakischen Republik am 1. Januar 1993.

Die bedeutendsten Sehenswürdigkeiten sind die Burg Bratislava, Burg Devín, das alte Rathaus und die St. Martin Kathedrale in der Altstadt.

- Deutschsprachige Infos zu Bratislava: /visit.bratislava.sk/DE
- ♦ Touristisches Informationszentrum in der Altstadt, Letisko M. R. Štefánika, Ivánska cesta, Bratislava, 02/54 41 94 10, touristinfo@bratislava.sk, visit.bratislava.sk, Mo-So 9:00-18:00
- ♦ Touristisches Informationszentrum auf dem Flughafen, Klobučnícka 2, 82001 Bratislava, 02/38 10 39 88, letisko@bratislava.sk, visit.bratislava.sk, Mo, Mi, Fr 9:00-18:00, Di, Do, Sa 11:30-22:30, So 11:30-18:30
- ♦ Touristisches Informationszentrum auf dem Hauptbahnhof, Námestie Franza Liszta 1, 81104 Bratislava, visit.bratislava.sk, Mo-So 9:00-18:30
- **Outdoorläden** für letzte Einkäufe:
- ♦ HUDYsport Bratislava, Miletičova 3/a, 82108 Bratislava, 09 03/55 64 48, bratislava.mileticova@hudysport.sk, www.hudysport.sk, Mo-Fr 10:00-19:00, So 9:00-13:00, gut erreichbar vom Hauptbahnhof (Bus Nr. 61 bis Trnavské

mýto), Busbahnhof (Bus Nr. 78 Richtung Dolné hony, Čiližská bis Trnavské mýto) und Flughafen (Bus Nr. 61 bis Trnavské mýto)

- HUDYsport Bratislava in der Altstadt, Obchodná 51, 81106 Bratislava, ☏ 02/52 63 56 55, bratislava.obchodna@hudysport.sk, www.hudysport.sk, Mo-Fr 10:00-19:00, So 9:00-13:00
- Predajňa yak&rysy, Košická 37 M, 81109 Bratislava, ☏ 02/20 63 31 80, obchod@yakrysy.sk, www.yakrysy.sk, Mo-Fr 10:00-19:00, So 9:00-13:00, gut erreichbar vom Busbahnhof - ungefähr 5 Minuten zu Fuß

Restaurants mit typisch einheimischer Küche und angenehmer Atmosphäre:

- Restaurant Slovak pub, Obchodná 62, 81106 Bratislava, ☏ 02/52 92 63 67, 0917/62 92 21, www.slovakpub.sk, Mo 10:00-23:00, Di-Do 10:00-00:00, Fr, Sa 10:00-2:00, So 12:00-23:00
- Bratislava Flag Ship Restaurant, Námestie SNP č. 8, 81102 Bratislava, 09 17/92 76 73, bratislavska@slovakpub.sk, www.bratislavskarestauracia.sk, Di-Sa 10:00-24:00, So 12:00-24:00

Eine kleine Auswahl von **Unterkünften** mit guten Preis-Leistungs-Verhältnis:

- Penzión Zlatá Noha, Bellova 2/a, 83101 Bratislava, ☏ 02/54 77 49 22, zlatanoha@stonline.sk, www.zlata-noha.sk, EZ € 30, DZ € 40,
- Downtown Backpacker's Hostel, Panenska 31, 81104 Bratislava, ☏ 02/54 64 11 91, 09 05/25 97 14, info@backpackers.sk, www.backpackers.sk, Ü € 15-20
- City Hostel, Obchodná 38, 81106 Bratislava, ☏ 02/52 63 60 41, 02/52 63 60 43, reservation@cityhostel.sk, www.cityhostel.sk, Ü € 20-40

Anfahrt zum Startpunkt des Wegs der Helden unterhalb der Burg Devin in Bratislava:

Fahrkarten für öffentliche Verkehrsmittel kann man in Bratislava am Kiosk oder Automaten kaufen. Es gibt Fahrtkarten für 15 Minuten, 1 Stunde und mehrtägige Tickets. Sollte Ihr Gepäck größer als 30x40x60 cm sein, benötigen sie ein ermäßigtes Ticket für das Gepäck. Es besteht auch eine Möglichkeit per SMS Tickets zu kaufen, wenn sie eine leere SMS an die Nummer 1100 schicken. Dann kostet die Fahrkarte 1,00 Euro und ist 70 Minuten gültig. In dem Preis ist auch der Gepäcktransport enthalten. Man darf aber erst in den Bus einsteigen, wenn man eine Bestätigungs-SMS bekommen hat.

Vom **Flughafen**: Sie nehmen den Bus Nr. 61 Richtung Hlavná stanica bis zur Haltestelle Trnavské mýto. Dann weiter mit der Straßenbahn Nr. 9 Richtung Karlova Ves bis zur Haltestelle Botanická záhrada. Von dort mit dem Bus Nr. 28 Richtung Devínska Nová Ves, Opletalova cez Devín bis zur Haltestelle Devín. Sie brauchen eine 60-Minuten Fahrkarte.

Vom **Hauptbahnhof**: Sie nehmen den Bus Nr. 21 Richtung Devínska Nová Ves, Jána Jonáša - Volkswagen. Die Haltestelle des Busses Nr. 21 befindet sich unterhalb des Bahnhofs. Sie gehen dahin ungefähr 2 Minuten zu Fuß. Sie folgen der Hauptstraße bis zur Kreuzung, und auf der rechten Seite befindet sich dann die Haltestelle. Sie fahren bis zu der Haltestelle Novoveská. Der Bus hält an der Haltestelle Novoveská nur wenn man davor im Bus den Knopf drückt. Von dort mit dem Bus Nr. 28 Richtung Staré Mesto, Nové SND bis zur Haltestelle Devín. Sie brauchen eine 60-Minuten Fahrkarte.

Vom **Busbahnhof**: Sie Fahren mit dem Bus Nr. 70 bis zur Endhaltestelle Most SNP. Von dort mit dem Bus Nr. 28 Richtung Devínska Nová Ves, Opletalova cez Devín bis zur Haltestelle Devin oder mit dem Bus Nr. 29 bis zur Endhatestelle Hrad Devín. Sie brauchen eine 60-Minuten Fahrkarte.

1. Etappe: Devin - Kamzík, lúka

21,7 km, 6 Std. 30 Min., ↑ 945 m, ↓ 690 m, ⇧ 145-490 m

0,0 km	⇧ 145 m	Devín
2,5 km	⇧ 320 m	Úzky les
3,8 km	⇧ 490 m	Devínska Kobyla
4,3 km	⇧ 435 m	Bočná cesta
6,7 km	⇧ 358 m	Dúbravská hlavica
8,0 km	⇧ 325 m	Švábsky vrch
10,5 km	⇧ 210 m	Karlova Ves, Kútiky
14,1 km	⇧ 155 m	Mlynská dolina
15,8 km	⇧ 240 m	Slavín
19,3 km	⇧ 235 m	Pri Červenom moste
21,7 km	⇧ 400 m	Kamzík, lúka

Von der imposanten Burgruine Devín steigen Sie 350 m durch einen knorrigen Eichenwald auf den Berg Devínska Kobyla, von dem Sie einen herrlichen Blick auf den Verlauf der Donau und weit bis nach Österreich haben. Hiernach wandern Sie durch Buchenwälder des „Schwabenberges". Sie erreichen die Stadtgrenze von Bratislava und laufen durch Wohnviertel mit Plattenbauten und Villen und kommen zu dem Kriegsdenkmal Slavín. Von dort aus haben Sie eine gute Aussicht auf Bratislava. Sie durchqueren einen alten Bergpark mit einem gemütlichen Café und unterqueren Bahnschienen, um nach einem letzten Aufstieg den Berg Kamzik zu erreichen.

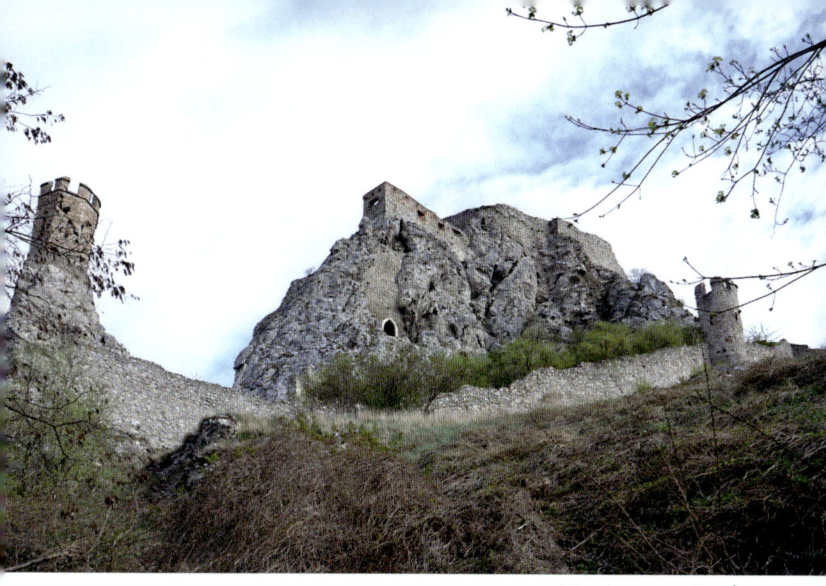

Die Burgruine Devín

♜ Die Burgruine Devín (slowak. *hrad Devín*) liegt am Zusammenfluss von March und Donau auf einem mächtigen Felsmassiv. Erstmalig wurde sie 864 in den Fuldaer Annalen als *Dowina* erwähnt. Während des Römischen Reiches befand sich hier eine Grenzstation. Nach Ende des Großmährischen Reiches ging die Burg in ungarische Hände über. 1809 wurde sie von napoleonischen Truppen in die Luft gesprengt. Ľudovít Štúr, der im 19. Jh. bekannteste Vertreter der slowakischen Nationalbewegung, besuchte am 24. April 1836 die Burg und erklärte sie zum nationalen Denkmal. Im Jahre 1961 wurde die Burg als Museum ausgebaut.

Über den sogenannten Jungfrauen-Turm gibt es folgende Sage: Der Ritter Mikuláš, seinerzeit Herr von Devín, verliebte sich in die wunderschöne Margareta, die aus einer reichen Familie aus Kärnten stammte. Ihr Vater lehnte Mikuláš Bitte um die Hand von Margareta ab. Kurzerhand entführte Ritter Mikuláš die holde Dame. Margaretas Familie konnte das nicht hinnehmen und griff die Burg an, wobei Mikuláš ums Leben kam. Margareta, die sich in der Zwischenzeit in den Ritter verliebt hatte, stürzte sich vor Trauer vom Turm - seitdem heißt der Turm Jungfrauen-Turm.

♦ Oktober bis April: Di-So 10:00-17:00, Mai-September: Di-Fr 10:00-18:00, Sa-So 10:00-19:00, Eintritt € 3

Unterhalb der Burg befindet sich ein Mahnmal das an die Zeit des Kalten Krieges erinnert. Hier war die Grenze zwischen Österreich und der kommunistischen Tschechoslowakei. Nach dem Zweiten Weltkrieg wurden hier alle Kneipen und Gasthäuser in der Nähe der Grenze geschlossen. Teile von Devín wurden zu einer verbotenen, verminten Grenzzone mit Hochspannungszäunen, Wachtürmen und einer speziell gebildeten Grenzarmee mit Wachhunden. 62 Menschen sind bei dem Versuch, die Grenze zu überwinden, ums Leben gekommen.

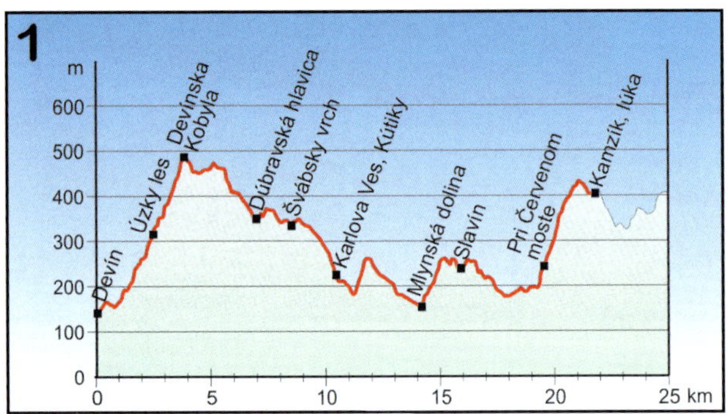

Devín, der gleichnamige Stadtteil von Bratislava, ist bekannt für seinen hervorragenden und süffigen Johannisbeer-Wein oder, wie die Österreicher zu sagen pflegen, Ribisel.

Hotel Hradná Brána, Slovanské nábrežie 15, 84110 Bratislava, 02/60 10 25 11, recepcia@hotelhb.sk, www.hotelhb.sk, EZ € 75, DZ € 79,

♦ Pension U Srnčíka, Hutnícka 2, 84110 Bratislava, 09 02/18 24 30, info@usrncika.sk, www.usrncika.sk, EZ € 35, DZ € 49,

Der Weg startet unterhalb der Burg Devin, wo sich der Zusammenfluss von March (Morava) und Donau befinden. Nicht selten können Sie dort auch Kormorane beobachten, die ihr Gefieder im Wind trocknen.

Gehen Sie den Parkplatz entlang, rechts lassen Sie das Hotel Hradná Brána liegen und biegen direkt dahinter in die Muránska. Am Ende der Straße befindet sich ein befestigter Hintereingang der Burg, dort biegen Sie links ab. Sie gehen am Cafe Eden vorbei und biegen rechts in die Hutnická ab, dann sofort die erste wieder links in die Rytierska.

Cafe Eden, Hradná 5, 841 10 Bratislava-Devín, Mo-So 15:00-22:00, Di geschlossen

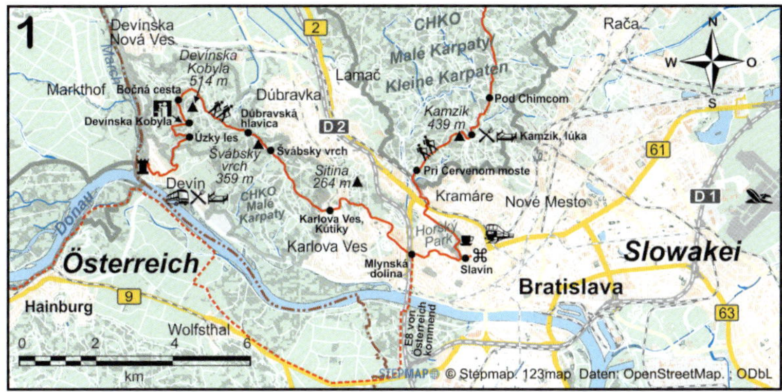

Sie überqueren eine Straße und folgen der Stitova Straße bergauf. Bei der ersten Möglichkeit biegen Sie links ab und folgen dem Hohlweg. Nach einigen Metern haben Sie linker Hand einen fantastischen Ausblick auf das ganze Burggelände und weit nach Österreich hinein. Es geht weiter bergauf. Dort wo die Straße eine sanfte Linksbiegung macht, verlassen Sie die Asphaltstraße und biegen schräg rechts auf einen steinigen Weg.

Es geht stetig bergauf. Der Weg ist gut markiert und sichtbar ausgetreten. Nach einer Weile erreichen Sie den Wegweiser Uzky Les. Hier trennen sich der rote und der gelbe Wanderweg. Sie folgen von nun an und für die nächsten 760 km immer dem roten Wanderweg, dem Europäischen Fernwanderweg E8, der auf diesem Abschnitt Štefanikova Magistrala genannt wird.

Vor Ihnen liegen 40 Min. Aufstieg durch einen knorrigen Eichenwald. Wenn Sie aufmerksam schauen, werden Sie die eine oder andere Höhle oder Fraßspur vom Schwarzspecht finden, der hier zu Hause ist. Im Frühling ist der Boden mit Lerchensporn, Schneeglöckchen und Windbuschröschen bedeckt.

Den höchsten Punkt erreichen Sie beim Wegweiser Devinska Kobyla. Von hier aus haben Sie bei gutem Wetter einen weiten Ausblick auf die mäandernde Donau.

Devinska Kobyla ist der höchste Berg von Bratislava und ein gleichnamiges Naturreservat. Teil des Reservats ist der Sandberg, der vor rund 15 Millionen Jahren entstanden ist. In den Gesteinsschichten wurden Fossilienreste von mehr als 250 Tierarten gefunden. Darunter einige Zähne des ausgestorbenen Dryopithecus, einem Altweltaffen, der als Vorläufer der Menschenaffen diskutiert wird.

Im Frühjahr können Sie hier eine große Kolonie der bunt gefiederten Bienenfresser beobachten, die ihre Bruthöhlen in die Hänge des Sandbergs bauen. In 20 Min. vom Wegpunkt Bočná cesta erreichen Sie den Sandberg auf dem grünen Wanderweg.

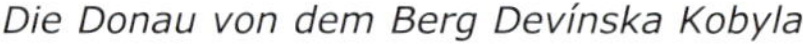

Die Donau von dem Berg Devínska Kobyla

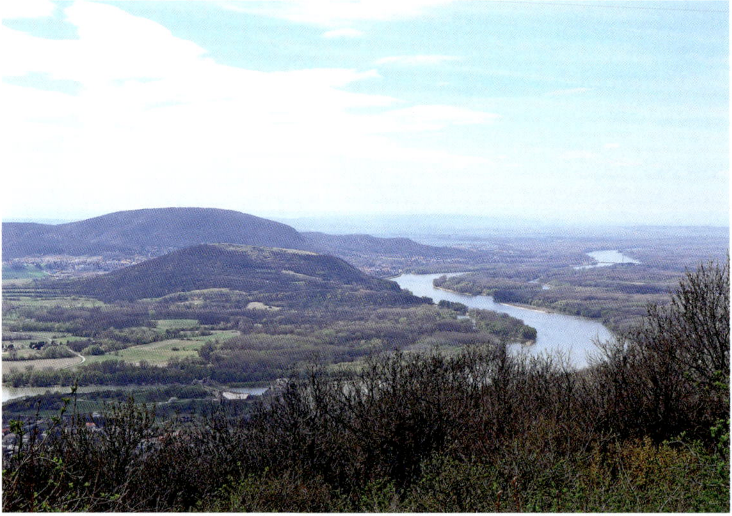

Beim Funkturm überqueren Sie eine Asphaltstraße und laufen einige Zeit parallel, danach schwenken Sie wieder auf die Straße, um nach einigen Metern wieder rechts in den Wald zu gehen. Hier ist die Markierung etwas zugewachsen, der Wanderweg ist aber gut zu erkennen.

Hinter dem Wegweiser Dubravska Hlavica bleiben Sie auf dem Weg parallel zur Asphaltstraße, auch wenn Sie einen Pfeil links sehen. Denn nach einigen Dutzend Metern sehen Sie wieder den roten Balken auf weißem Grund. Hier verläuft auch der Wanderweg mit dem grünen Querbalken. Rechter Hand liegen einige Häuschen, in denen sich die Bratislaver am Wochenende erholen.

Der Weg führt schließlich von der Straße nach rechts weg. Sie erreichen den Wegweiser Svabska Vrch, auf Deutsch: der Schwabenberg. Vor dem Ersten Weltkrieg haben in Bratislava viele deutschsprachige Menschen gelebt. Viele Orts- oder Straßennamen legen davon Zeugnis ab - wie der Schwabenberg eben.

Der Weg führt nun die ganze Zeit sanft bergab und schnell erreichen Sie die „bebaute" Zone der Stadt. Folgen Sie den Wegweisern bergab bis Sie eine mehrspurige Straße überqueren, direkt dahinter geht es rechts in die Púpavová. Achten Sie auf die Markierungen an den Laternenpfählen!

Nach 20 Metern gehen Sie links durch einen kleinen Park. Rechts neben dem grünen Hochhaus führt eine Treppe hinunter. Überqueren Sie die kleine Straße. Hinter dem Haus finden Sie die nächste Markierung. Wieder geht es durch einen kleinen Park und die Treppe hinunter. Unten angekommen biegen Sie links ab und sofort wieder rechts in eine schmale Gasse zwischen zwei Grundstücken. Übrigens durchschreiten Sie hiermit die schmalste Gasse des gesamten Wanderweges. Anschließend geht es rechts über einen bewaldeten Hügel. Oben stoßen Sie auf einen Zaun aus Betonpfählen. Achtung: Sie sehen einen roten Pfeil, der nach links zeigt. Daneben eine rote Markierung. Das ist eine beliebte Stelle, wo sich viele Wanderer verlaufen. Sie gehen nach rechts! (Der Pfeil ist für die Wanderer aus der entgegengesetzten Richtung angebracht.)

Schon nach einigen Metern finden Sie weitere Zeichen. Folgen Sie der Straße bergab und biegen Sie bei der nächsten T-Kreuzung rechts ab. Jetzt geht es wieder ein langes Stück bergab. Sie kommen an einigen Studentenwohnheimen vorbei.

Bei der nächsten Kreuzung gehen Sie links und überqueren die Autobahn. Hier ist auch der Abzweig des E8 nach Österreich. Sollten Sie zu Fuß von Österreich gekommen sein - willkommen! Ab jetzt können Sie der Beschreibung weiter folgen!

Nach einigen Dutzend Metern geht es schräg links steil bergauf durch eine neues Wohngebiet. Oben angekommen bitte nach rechts. Achten Sie auf die Abzweigung nach links, die nach ca. 50 m kommt. Sie kommen auf eine X-Kreuzung, die etwas unübersichtlich ausgeschildert ist. Gehen Sie schräg links, nach einigen Metern werden Sie die weiteren Markierungen finden.

Nach ca. 200 m machen Sie an dem Wegpunkt Slavín eine Spitzkehre und folgen dem Wanderweg weiter bergauf oder Sie gehen geradeaus bis zu dem Kriegerdenkmal und Soldatenfriedhof Slavín.

Slavín ist der Name eines Kriegerdenkmales und Friedhofes in Bratislava zu Ehren der Sowjetsoldaten, die im Verlaufe des Zweiten Weltkriegs bei der Eroberung der Stadt Bratislava im April 1945 ums Leben gekommen sind. Das von Ján Svetlík entworfene Ehrenmal wurde zwischen 1957 und 1960 auf dem Gelände eines sowjetischen Ehrenfriedhofes errichtet. Insgesamt sind hier 6.845 sowjetische Soldaten beigesetzt. In der Mitte des Geländes befindet sich die Ehrenhalle mit verschiedenen Statuen, Inschriften und einem symbolischen Sarkophag aus weißem Marmor. An den Außenwänden sind Inschriften mit Daten der Befreiung verschiedener Orte in der Slowakei in den Jahren 1944-1945 angebracht. Der monumentale Granitpylon ist 39,5 Meter hoch. Auf seiner Spitze steht die 11 Meter hohe Siegesstatue von Alexander Trizuliak.

Gehen Sie zurück bis zu dem Wegpunkt Slavín und steigen Sie bergauf bis zu dem Bergpark (*Horský park*). Am Rande befindet sich ein 130-jähriges Forsthaus, in dem es ein gemütliches Café mit hervorragendem selbstgebackenem Kuchen gibt. Zu Mittag wird hier auch ein leckeres Mittagsmenü angeboten.

Kaviareň v Horárni, Lesná 1, 81104 Bratislava, ☎ 02/54 78 90 50,
www.horaren.sk/kaviaren-libresso-horaren, Mo-So 10:00-22:00

Am Ende des Parks folgen Sie der Straße Bohúňova bis zum Schluss und biegen dann rechts in die Dubová. Sie überqueren die stark befahrene, mehrspurige Straße und durchlaufen eine niedrige Bahnunterquerung, wo Sie links abbiegen und schließlich zu dem Wegpunkt Pri Červenom moste kommen.

Die rote Brücke (Červený most) ist eine der ältesten Eisenbahnbrücken der Slowakei. Die Brücke wurde im Jahr 1848 gebaut. Sie ist 215 m lang und überbrückt das tiefe Tal in einer Höhe von 17 m. Hier fuhren die ersten Dampfloks auf der Strecke zwischen Wien und Bratislava.

Am Ende des Zweiten Weltkrieges (4.4.1945) zerstörte die deutsche Armee die Brücke, die 1947 wieder aufgebaut wurde. Das Tal ist ein beliebtes Ausflugsziel der Bewohner von Bratislava.

Nach einem 20-minütigem steilen Aufstieg finden Sie einen Rastplatz mit Schutzdach, unter dem auch ein Biwak möglich wäre. Von hier aus sehen Sie bereits den Funkturm, den Sie nach weiteren 20 Min. erreichen. Damit befinden Sie sich am Ziel der ersten Etappe - Kamzík. Auf den ersten Kilometern hinter Kamzik finden Sie eine Reihe von Schutzdächern mit Gelegenheit zum Biwakieren, falls Sie noch ein Stück wandern möchten und Ihr Nachtlager später aufschlagen wollen.

Kamzík (dt. *Gemsenberg*) ist ein 439 m hoher Berg in den Kleinen Karpaten am nördlichen Stadtrand von Bratislava, auf dem sich ein 200 m hoher Fernsehturm befindet. In 68 m Höhe befindet sich ein drehendes Restaurant mit guter Aussicht auf Bratislava und Donau und bei guten Sichtverhältnissen bis Österreich, Tschechien und Ungarn.

Kamzík

Restaurant im Fernsehturm - Altitude Restaurant, Cesta na Kamzík 14, 831 01 Bratislava, 02/44 25 69 46, altitude@altitude.sk www. altitude.sk, Tagesmenüs werktags im unterem Teil des Restaurants ab € 3,90, Mo-So 11:00-22:00

♦ Bufet Horná stanica, Cesta na Kamzik, 833 29 Bratislava, 09 17/46 39 86, akcie@hornastanica.sk, www.hornastanica.sk, Tagesmenüs während der Arbeitswoche für € 3,90, Mo-Fr 10:00-20:00, Sa-So 9:00-20:00

Best Western Hotel West, Cesta na Kamzík, 833 29 Bratislava, 02/54 78 86 92, hotel@hotel-west.sk, www.hotel-west.sk, EZ € 59, DZ € 69

2. Etappe: Kamzík, lúka - Pezinská Baba

25,4 km, 6 Std. 50 Min., ↑ 810 m, ↓ 630 m, ⇧ 352-649 m

0,0 km	⇧ 400 m	Kamzík, lúka
4,9 km	⇧ 352 m	Spariská
6,8 km	⇧ 405 m	Zbojníčka
9,9 km	⇧ 500 m	Biely kríž
13,0 km	⇧ 500 m	Salaš
16,1 km	⇧ 560 m	Kozí chrbát
18,2 km	⇧ 649 m	Somár
20,4 km	⇧ 570 m	Tri kamenné kopce
25,4 km	⇧ 527 m	Pezinská Baba

Jörn auf dem Wegpunkt Somár

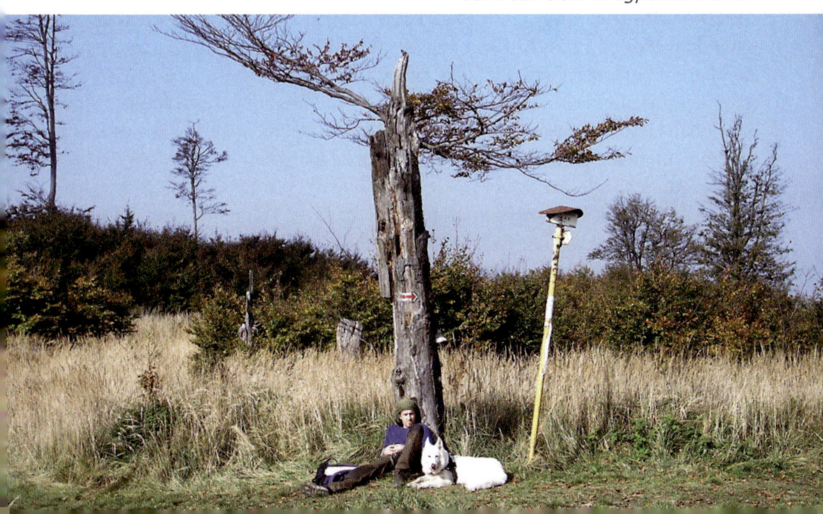

Mit Kamzík haben Sie das südliche Tor der Kleinen Karpaten erreicht, die Sie gen Norden durchqueren werden. Sie wandern durch typische karpatische Buchenwälder und sollten sich bei Biely kríž ein Pagáč, ein slowakisches Gebäck aus Griebenschmalz, gönnen. Sie kommen an zwei seltenen Regenmooren vorbei und ersteigen den 640 m hohen Esel (auf slowakisch Somár), um dann gemütlich bis zum Sattel Baba abzusteigen.

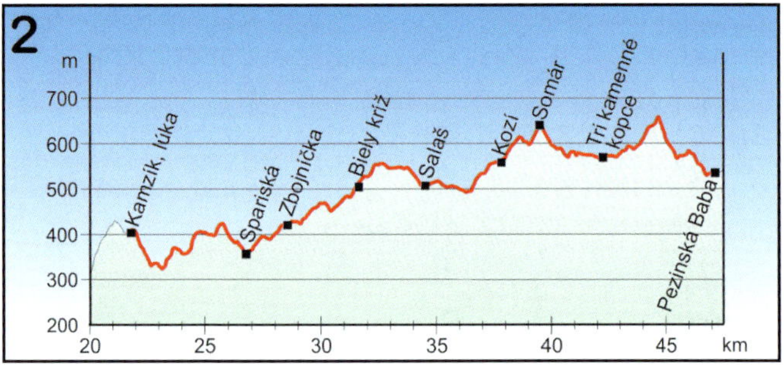

100 m hinter dem Bufet Kamzík biegt der rote Wanderweg rechts in den Buchenwald ab. Schnell passieren Sie die ersten Schutzdächer. Der Stadtwald von Bratislava ist ein Naherholungsgebiet für die Hauptstadt, so werden Sie auf der Strecke bis Pezinská Baba an einer Vielzahl von Schutzdächern, offiziellen Feuerstellen und Möglichkeiten zum Biwakieren vorbeikommen. Auf der Etappe zwischen Kamzík und Pezinská Baba werden viele Mountainbiker unterwegs sein, da auf diesem Streckenabschnitt auch ein Radweg markiert ist, wie Sie an dem roten C auf weißem Grund erkennen können. Die Mountainbiker kommen hier oft mit hoher Geschwindigkeit angefahren, deswegen nehmen wir auf dieser Etappe unseren Hund komplett an die Leine und empfehlen Ihnen das ebenso.

Sie werden an vier Quellen vorbeikommen: Mariín und Jarošova beim Wegpunkt Spariská, Zbojníčka beim gleichnamigen Wegpunkt und Silnického zwischen den Wegpunkten Biely kríž und Salaš. Die Quellen werden regelmäßig von der Stadt Bratislava getestet. Momentan gilt das Wasser nicht als Trinkwasser (*nepitná*), auch wenn wir regelmäßig Einheimische gesehen haben, die daraus trotz Warnschild getrunken haben.

Bis zum Wegpunkt Spariská laufen Sie durch typische karpatische Buchenwälder. Dort finden Sie eine offizielle Feuerstelle und eine Wiese zum Biwakieren. Für die nächsten 5 km laufen Sie auf einer Asphaltstraße, die für Autos gesperrt ist, aber gerade am Wochenende von vielen Radfahrern frequentiert wird.

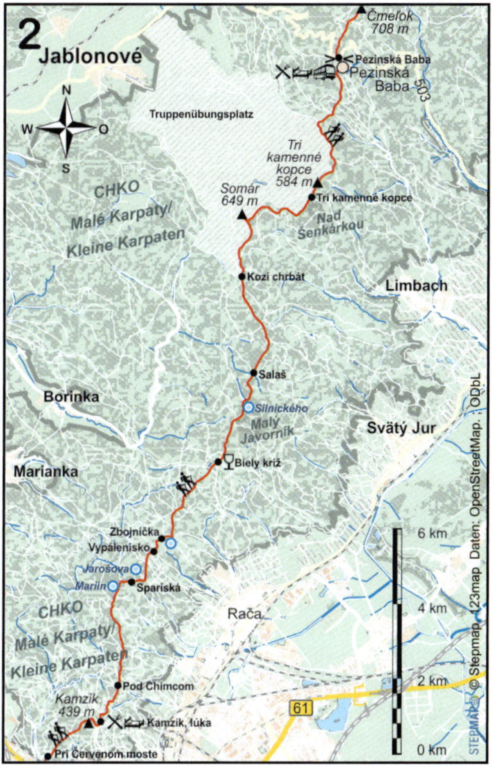

Bei Biely kríž finden Sie ein beliebtes Buffet, wo an sonnigen Tagen fast alle Wanderer und Mountainbiker haltmachen. Weithin beliebt sind die hausgemachten Pagáče, ein Gebäck aus Griebenschmalz, sehr lecker!

Hinter Biely kríž sehen Sie in einiger Entfernung ein meteorologisches Gebäude auf der rechten Seite. Kurz danach kommen Sie an dem Naturschutzreservat Malý Javorník vorbei, eins von zwei Regenmooren in den Kleinen Karpaten.

Nach den Wegpunkten Salaš und Kozí chrbát steigt der Weg auf baumlose Höhen und mit dem Gipfel Somár (649 m) erreichen Sie den höchsten Punkt der heutigen Etappe. Nordwestlich befindet sich ein großer Truppenübungsplatz der slowakischen Armee, dessen Betreten verboten ist

Vor dem Wegpunkt Tri kamenné kopce liegt auf der rechten Seite ein weiteres sehenswertes Regenmoor, das Naturreservat Nad Šenkárkou. Die letzten Kilometer steigen Sie bis zum Sattel Baba ab, über den die Landstraße 503 führt, die sich aufgrund ihres Kurvenreichtums größter Beliebtheit bei Motorradfahrern erfreut. So werden Sie schon aus einiger Entfernung die Landstraße hören können.

Pezinská Baba wirkt als Skigebiet mit blinden Informationstafeln, schiefen rostigen Fahnenstangen und verlassenen Häuschen so, als lägen die besten Zeiten schon einige Jahre zurück. Im Sozialismus hatte jede größere Firma oder staatliche Einrichtung eigene touristische Unterkünfte für ihre Mitarbeiter. Nach der Samtenen Revolution und der gesellschaftlichen Transformation vom Sozialismus zur Marktwirtschaft sind viele Betriebe Konkurs gegangen. Deswegen stehen viele dieser Häuser leer und finden keine neuen Betreiber, zumal die Slowaken mit der Öffnung der Grenzen auch neue touristische Ziele außerhalb der Slowakei gefunden haben.

Pezinská Baba

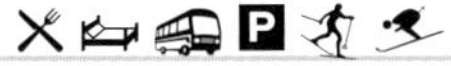

Motel na vrchu Pezinská Baba, 033/640 36 36, 09 03/20 54 03, recepcia@motelnavrchu.sk, www.motelnavrchu.sk, EZ € 30-40, DZ € 60-80,

♦ Chata korenný vrch, Pezinská Baba, 90201 Pezinok, 09 07/98 93 28, 09 03/78 76 04, chata@chata-kv.sk, www.chata-kv.sk, EZ €25, DZ € 33,

3. Etappe: Pezinská Baba - Amonova lúka

25,6 km, 7 Std. 50 Min., ↑ 1.247 m, ↓ 1.214 m, ⇧ 270-752 m

0,0 km	⇧ 527 m	Pezinská Baba
5,9 km	⇧ 704 m	Skalnatá
16,9 km	⇧ 270 m	Sološnická dolina
20,5 km	⇧ 752 m	Vápenná
21,9 km	⇧ 640 m	Mesačná lúka
25,6 km	⇧ 560 m	Amonova lúka

Auf der Etappe von Pezinská Baba nach Sološnicka Dolina steigen Sie zunächst auf einen rund 700 m hohen Kamm, wandern dann durch alte Eschen- und Lärchenwäldchen und kommen an Aussichtspunkten vorbei, die weite Blicke auf die waldbestandenen Täler bieten. Aus dem Tal von Sološnica steigen Sie auf den Gipfel Vápenná, folgen dem felsigen Kamm gen Norden, durchqueren die Naturreservate Roštún und Klokoč und laufen die letzten Kilometer auf Wirtschaftswegen bis zum Biwakplatz an der Wiese Amonova lúka.

Bei Pezinská Baba quert die Landstraße 503 die Kleinen Karpaten. Sie überqueren die Straße und folgen einem Wirtschaftsweg steil bergauf. Nach rund 2 km erreichen Sie den Gipfel Čmeľok, auf dem sich ein Funkturm der slowakischen Armee befindet.

Von hier aus führt der Weg bergab bis zum Sattel Javorina. Achten Sie auf Spuren im Matsch - Sie haben große Chancen, die Trittsiegel von Mufflons zu finden, die in den Kleinen Karpaten ausgewildert wurden.

Zum Teufelshügel (Čertov Kopec) führt der Weg steil bergauf. Der Hügel wird seinem Namen nicht gerecht, denn anstelle des Leibhaftigen erwarten Sie dort urwüchsige Buchen und Ahorne. Kurz vor dem höchsten Punkt erreichen Sie einen mit alten Lärchen und Eschen bestandenen Kamm, auf dem bei sonnigem Wetter Eidechsen ihr Sonnenbad nehmen.

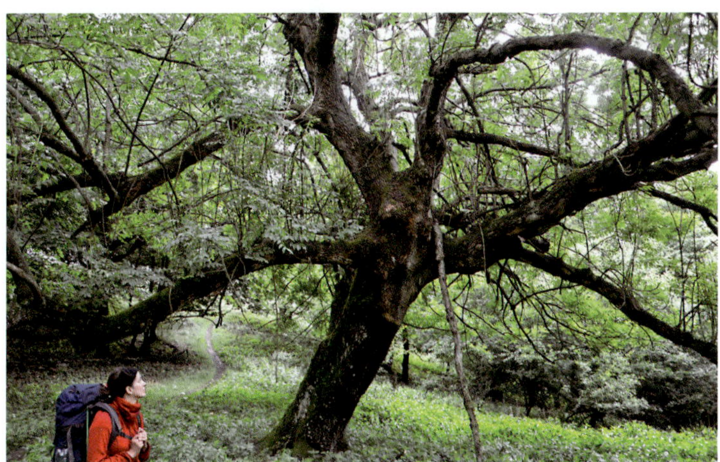

Eine uralte Esche unterhalb des Gipfels Skalnatá

Skalnata liegt auf 704 m und ist ein hervorragender Ort für eine Brotzeit mit Aussicht auf die bewaldeten Täler. Das Gipfelbuch gibt Auskunft darüber, wer in den letzten Tagen hier vorbeigekommen ist. Der Weg vom Kamm führt steil hinab und ist bei Regen sehr rutschig. Dafür bleibt der Weg danach für einen langen Zeitraum auf einer Höhe und führt in weiten Schwüngen gen Norden. Vor dem Hügel Gajdoš gabelt sich der Weg auf, ohne eine Markierung anzubieten. Halten Sie sich rechts, dann sind Sie richtig.

Bei Hubalova überqueren Sie eine Asphaltstraße. Rechter Hand befindet sich ein großes Waldgatter. Für 1 Stunde Wegzeit wird der Gatterzaun auf der rechten Seite bleiben. Nach 45 Min. erreichen Sie einen felsigen Gipfel. Botanisch Interessierte werden Sich hier über die großen Bestände des Schwalbenwurzes freuen.

Die Felsen sind bei Nässe glatt wie Seife. Stolpergefahr, zumal es steil bergab und bergauf geht.

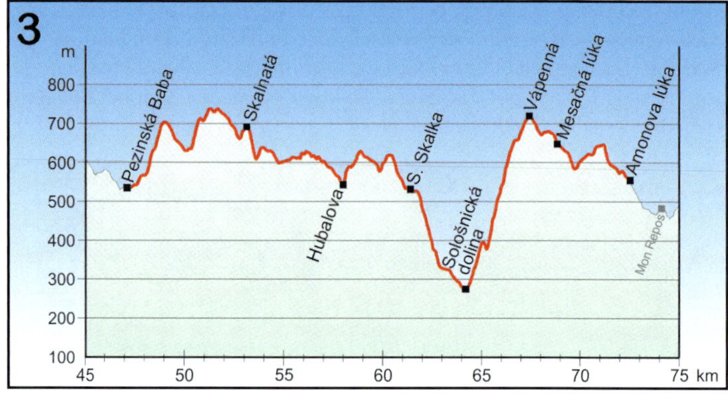

Nach rund 14 km haben Sie den Sattel Skalka erreicht, der auf 525 m liegt. Von hier geht es bergab in das Tal Sološnická. Nach rund 15 Min. beginnt auf der linken Seite ein Bächlein, aus dem wir bei unserer Recherchewanderung Trinkwasser entnommen haben. Unten im Tal stoßen Sie auf eine Asphaltstraße, der Sie links folgen bis zu dem Wegweiser Sološnická Dolina.

Im 2 km entfernten Dorf Sološnica finden Sie bei Bedarf einen Lebensmittelladen und ein Restaurant. Dafür folgen Sie nordöstlich der asphaltierten Straße.

Sološnica (30 Minuten Gehweg, 2,2 km)

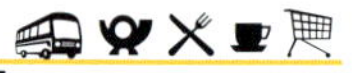

COOP Jednota, im Zentrum des Dorfes, ☏ 034/658 41 89, Mo-Fr 6:00-18:00, Sa 6:00-11:00, So 7:00-10:00

Reštaurácia pod Roštúnom, 09 05/52 58 13, 09 07/739 728, Mo 9:30-24:00, Di-Do 8:30-24:00, Fr-Sa 8:30-1:00, So 9:30-24:00

Sie folgen der roten Markierung, die talwärts gesehen rechts von der Straße abgeht. Hier beginnt das Naturreservat Roštún, in dem wie in allen Naturreservaten Zelten und Feuermachen verboten ist. Sollten Sie hier im Spätfrühling durchkommen, werden Sie einen intensiven Knoblauchgeruch wahrnehmen, da hier riesige Bestände von Bärlauch wachsen.

Vor Ihnen liegt ein knackiger Aufstieg über 300 Hm auf den Gipfel Vápenná (Roštún). Bei der ersten Anhöhe sehen Sie ein rotes Dreieck als Markierung - was auf einen Aussichtspunkt hinweist. Von hier sehen Sie das Dorf Sološnica. Der Weg führt durch große Bestände von Waldmeister, Bärlauch und kurz vor dem Gipfel Schwalbenwurz.

Auf 752 m liegt der Gipfel und ist damit die dritthöchste Erhebung der Kleinen Karpaten. Achten Sie hier auf ein raues Gackern - möglicherweise hören Sie den seltenen Sakerfalken, der in den östlichen Felsen des Massivs brütet.

Auf dem Gipfel befindet sich ein Aussichtsturm, auf dem geschrieben steht:

„Egal wohin Du gehst,
Egal was Du suchst,
Am Ende suchst Du Dich selbst."

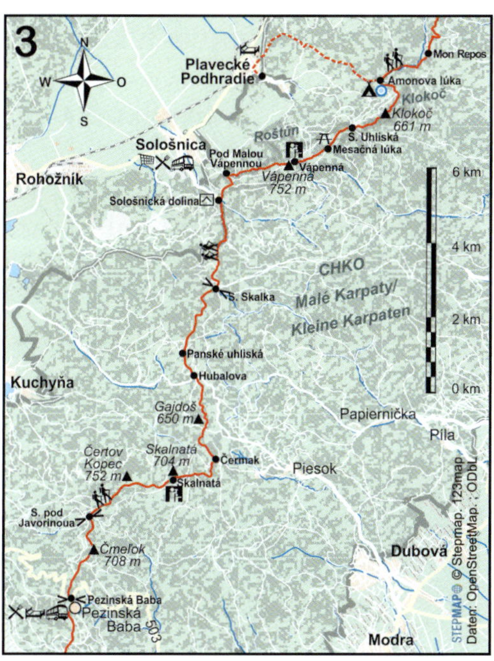

Wer mag kann bei dem folgenden Abstieg darüber nachdenken. Zunächst führt der Weg weiter auf dem felsigen Kamm, im Osten und Westen immer wieder weite Ausblicke freigebend. Unterhalb des Wegpunkts Mesačna luka befindet sich nach 150 m eine ausgewiesene Quelle. Die Bänke und der Tisch daneben bieten sich als Rastplatz ⊼ an.

Nach einem Stück durch den Buchenwald verläuft der Wanderpfad über wiesenbewachsene Hügelkuppen. An den gleichförmigen Abbisskanten der Bäume ist gut ersichtlich, dass viele Tiere zum Fressen vorbeikommen. Hier können Sie mit etwas Glück Mufflons beobachten.

Der Gipfel Klokoč weist ebenfalls ein Gipfelkreuz mit Buch auf. In dem gleichnamigen Naturreservat stehen große Bestände von Pracht-Königskerzen. Danach geht es steil bergab. Nachdem Sie eine Weile über einen Wirtschaftsweg im Buchenwald gelaufen sind, erscheint auf der linken Seite eine Wiese (Amonova lúka). Hier finden Sie auch die rote Markierung, die aussieht wie ein Trinkbecher und auf eine Quelle hinweist, die rund 200 m vom Wanderweg entfernt liegt und Möglichkeiten zu einem Biwak anbietet.

Unterkunft Plavecké podhradie (Blauer Wanderweg 5 km, 1 Std. 20. Min.)

Agropartner spol. s r.o., Plavecké Podhradie č. 258, 90636 Plavecké Podhradie, 0905/27 55 86, www.agropartner.sk, sekretariat@agropartner.sk, Ü € 6-10. Es besteht die Möglichkeit, dass die Wanderer von Sološnica abgeholt werden, Essen können sie nach Bestellung auch vorbereiten.

4. Etappe: Amonova lúka - Dobrá Voda

31,1 km, 8 Std. 45 Min., 1.125 m, 1.440 m, 248-767 m

0,0 km	560 m	Amonova lúka
1,9 km	480 m	Mon Repos
8,0 km	335 m	Brezinky
8,3 km	340 m	Pod ostrým kameňom
9,8 km	555 m	Ostrý kameň
11,4 km	767 m	Záruby
14,0 km	480 m	Havrania skala (Seite 2-3)
27,6 km	420 m	Mihalinová
31,1 km	248 m	Dobrá voda

Zunächst laufen Sie bis Brezinky über Wirtschaftswege, danach führt der Wanderweg durch eine zauberhafte Burgruine und weiter bergauf bis zu dem

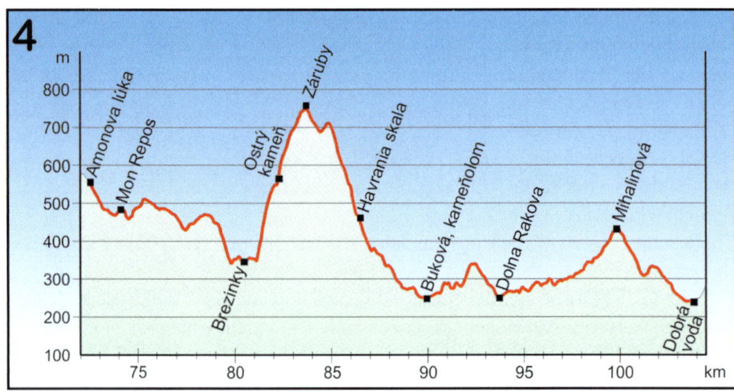

Gipfel Záruby auf 767 mNN. Eine Zeitlang wandern Sie auf dem Felskamm mit schönen Aussichten in die Ebene, um dann wieder abzusteigen. Sie durchqueren einen Steinbruch, überqueren die Landstraße 51 und laufen für rund 10 km auf Forstwegen, bis Sie das von blühenden Wiesen umgebene Dorf Dobrá voda erreichen.

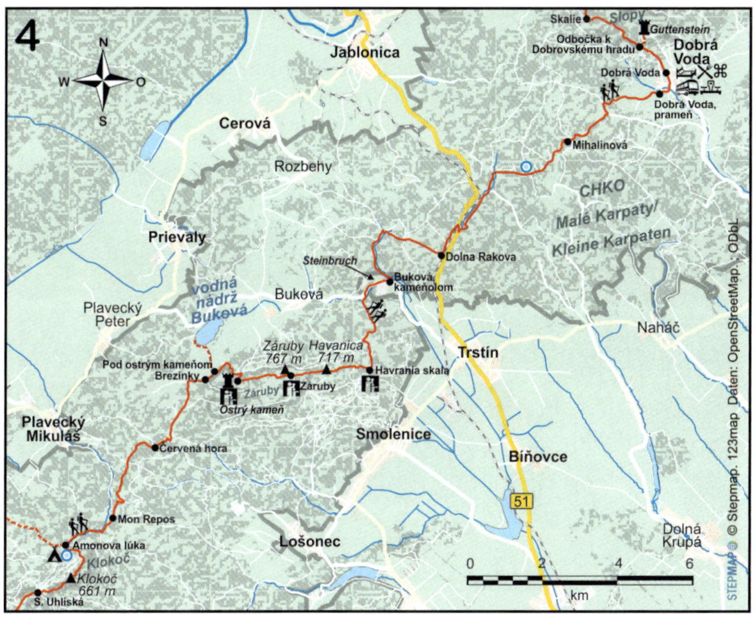

Bergab durch einen mittelalten Buchenwald und über Wirtschaftswege erreichen Sie den Wegpunkt Mon Repos, wo sich ein ehemaliges Forsthaus befindet. Von hier aus wird der Waldweg zu einem mit groben Steinen geschotterten Wirtschaftsweg, der unangenehm zu laufen ist. Nach 1 Std. 30 Min. erreichen Sie Brezinky. Hier führt bei Bedarf der gelbe Weg über 1,8 km zum Stausee (vodná nádrž Buková), an dem freies Zelten ausdrücklich erlaubt ist.

Vor Ihnen liegt wieder ein kerniger Aufstieg über einen ausgewaschenen und mit Wurzeln gespickten Weg. Auf 562 m Höhe liegen die Ruinen der ♜ Burg „Ostrý Kameň", was mit Spitzer Stein übersetzt werden kann.

Die Burg „Ostrý Kameň" wurde im 13. Jh. erbaut und diente zur Überwachung der Handelswege Richtung Böhmen und Mähren. Unter der ungarischen Krone bewachte sie die Westgrenzen des Reiches. Im Jahre 1704 fanden hier blutige Kämpfe zwischen der Habsburger Krone und den Aufständischen unter dem Kommando des ungarischen Adligen Franz II. Rákóczi statt. Heute sind die Ruinen malerisch zugewuchert, und es lagern immer wieder - verbotenerweise - Wanderer. Die Slowakei rühmt sich mit der größten Anzahl an Burgruinen in Europa.

Der Wanderweg verläuft mitten durch die Burgruine und führt auf dem Bergrücken aufwärts. Einige Male gabelt sich der Weg ohne Markierung auf. Gehen Sie weiterhin bergaufwärts auf dem Bergrücken, dann sind Sie richtig.

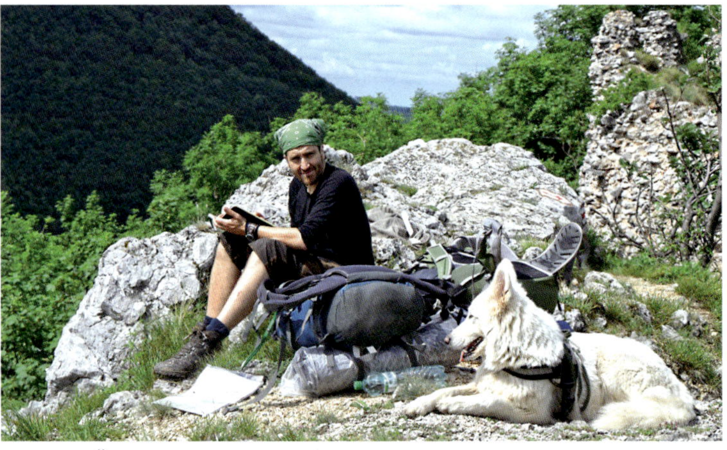

Jörn und Čajka auf dem Gipfel Záruby

Bei Záruby haben Sie mit 767 m nicht nur den höchsten Punkt der heutigen Etappe erreicht, sondern auch den höchsten Punkt der Kleinen Karpaten. Von hier fällt der felsige Kamm sanft ab. Bei Havrania skala, dem Felsen der Raben, haben Sie eine weite Aussicht in die Ebene. Vor Ihnen liegt das Städtchen Smolenice.

Danach erfolgt ein steiler Abstieg, der auf einer Wiese endet. Nach ca. 20 m führt der Weg links in die Dickung. Es fehlt eine Markierung, deswegen kann man schnell vorbeilaufen. Was nicht so tragisch wäre, weil der Weg nach ca. 150 m wieder auf eine Kreuzung auf derselben Wiese hinausführt. Überqueren Sie die Kreuzung geradeaus. Einige Dutzend Meter verläuft der Weg über Panzerplatten, dann am Rand einer Wiese entlang und wieder in den Wald hinein.

Nach kurzer Zeit dürften Sie den Duft des nahen Kiefernwäldchens riechen. Das erste seit zwei Tagen. Am Ende des Wäldchens erreichen Sie eine Reihe von Wochenendhäuschen. Hier können Sie auch nach Wasser fragen. Die Anwohner sind Wanderer gewohnt.

Am Ende der Siedlung achten Sie bitte auf den Wegweiser nach rechts. Schließlich landen Sie an einer Landstraße, auf der Sie rechts abbiegen. Wegen des nahen Steinbruchs fahren hier viele LKW. Halten Sie sich ganz links und machen Sie die entgegenkommenden Fahrer rechtzeitig auf sich aufmerksam.

Nach rund 1 km biegen Sie links ab und folgen der Seitenstraße erneut durch eine Ansiedlung von Wochenendhäusern. Sie kommen an einem Imker vorbei, bei dem Sie Honig direkt an der Gartenpforte kaufen können. Achten Sie auf das Schild: „Včelár“!

Am Ende der Häuserreihe biegen Sie rechts ab und folgen einem zugewachsenen Hohlweg über die Kuppe. Sie erreichen ein Wildgatter, biegen dahinter links ab und laufen ein gutes Stück parallel zu den Schienen. Der Weg führt auf die Landstraße 51. Hier müssen Sie rechts auf die Landstraße biegen, die Brücke überqueren und unmittelbar dahinter links abbiegen.

Danach gehen Sie auf einer Asphaltstraße, die allerdings so gut wie nicht befahren ist. Hinter dem letzten Haus - dem Forsthaus - biegen Sie rechts ab und folgen der Straße, die zu einem Forstweg wird.

Mit sanften Steigungen geht es über den Wegpunkt Mihalinová nach Dobrá Voda, das eingebettet zwischen blühenden Wiesen und Feldern liegt. In Dobrá Voda, neben der Kirche, befindet sich das Gedenkzimmer des slowakischen Priesters und Dichters Ján Hollý, der bereits am Anfang des 19. Jahrhundert in der slowakischen Sprache Gedichte schrieb. Er trug mit seinem Werk und Tun zur Kodifizierung (Aufzeichnung und Sammlung von Normen) der slowakischen Sprache bei.

Dobrá Voda

Penzión Skalka, Dobrá Voda 226, 91954, 09 03/44 44 45, 09 03/45 55 34, www.penzionskalka.sk, festerr@azet.sk, maria.janackova@gmail.com, EZ € 30, DZ € 30, Entfernung von dem roten Wanderweg 600 m

Restaurant Hlávka, Dobrá Voda 89, 91954, 09 03/45 55 34, 09 05/96 86 49, festerr@azet.sk, maria.janackova@gmail.com, Mai bis September: Mo-Do, So 10:00-22:00, Fr-Sa 10:00-24:00, Oktober-April: Fr-17:00-21:00, Sa-So 10:00-21:00, Entfernung von dem roten Wanderweg 15 m

⌘ Gedenkzimmer Ján Hollý, für den Besuch muss man sich anmelden, 033/557 50 04, 09 05/73 94 65, € 0,70 für Studenten, € 1 für Erwachsene

Lebensmittelgeschäft Di-Fr 6:00-17:00, Sa und Mo 6:00-9:00, So geschlossen

5. Etappe: Dobrá Voda - Myjava

26,4 km, 6 Std. 40 Min., ↑ 725 m, ↓ 797 m, ⇧ 248-500 m

0,0 km	⇧ 248 m	Dobrá voda
1,1 km	⇧ 345 m	Odbočka k Dobrovskému hradu
12,3 km	⇧ 260 m	Brezová pod Bradlom
15,1 km	⇧ 500 m	Bradlo, parkovisko
17,5 km	⇧ 300 m	Jandova Dolina
21,5 km	⇧ 420 m	Polianka
26,4 km	⇧ 320 m	Myjava

Direkt hinter Dobrá voda sollten Sie die Burgruine Guttenstein besuchen und sich an dem verfallenen Charme der Ruine erfreuen. Die Etappe führt Sie weiter durch lichte Eichenwäldchen des Naturreservats Slopy. Danach geht es durch das kleine Städtchen Brezová pod Bradlom und bergauf zu der landschaftlich schön gelegenen Gedenkstätte zu Ehren des Generals Milan Rastislav Štefánik. Über Wiesen und Felder wandern Sie zu der Kreisstadt Myjava.

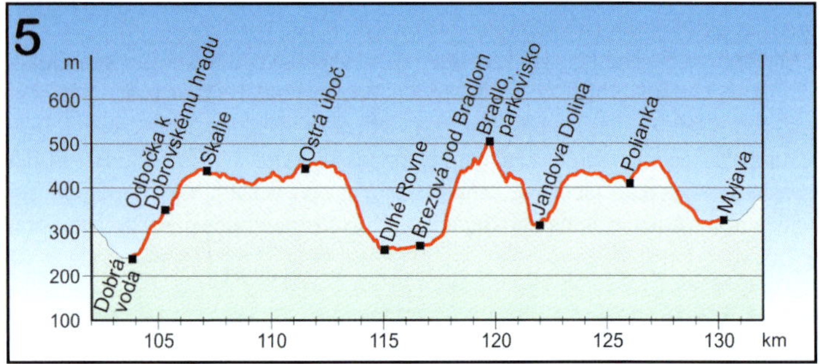

In Dobrá voda führt der Weg an der Kirche vorbei direkt über den Dorffriedhof. Bitte achten Sie darauf, die Pforte wieder zu schließen. Hinter dem Friedhof führt der Weg durch den Wald, auf der linken Seite sind noch Grabsteine des alten Friedhofs zu erkennen.

Beim Wegweiser sollten Sie die Abzweigung zur Burgruine Dobrá voda nutzen. Nach 5 Minuten stehen Sie mitten in einer malerisch zugewachsenen Burgruine. Eine Tafel zeigt mit einem Schaubild, wie groß die ganze Anlage einmal war.

Die Burg Dobrá voda wurde im 13. Jh. erbaut. Sie diente als Grenzfestung zwischen den Königreichen Ungarn und Böhmen. Wie so viele Burgen in dieser Region hat sie ihre Bedeutung ab dem 17. Jh. verloren. Zunächst wurde das Hauptgebäude noch für einige Jahre als Gefängnis benutzt, dann wurde die Burg aber ganz aufgegeben. Die Burg ist ebenfalls unter dem deutschen Namen Guttenstein bekannt.

Von jetzt an erwartet Sie ein angenehm zu laufender Weg mit sanften Steigungen und lichten Eichen-, Eschen- und Buchenwäldern. Bis zum Wegweiser Dlhé Rovne brauchen Sie rund 2 Std. Eine gute Strecke, um die Seele baumeln zu lassen.

Von Dlhé Rovne führt eine asphaltierte Forststraße aus dem Wald heraus. Unten kommen Sie an die Landstraße 501. Zur linken Hand liegt eine Tankstelle und rechts geht es nach Brezová pod Bradlom. Sollten Sie hungrig sein, dann biegen Sie links ab und Sie erreichen nach 200 m das Restaurant Belan auf der rechten Seite.

Brezová pod Bradlom

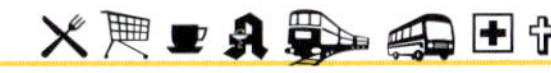

Es gibt keine Unterkunft für Einzelwanderer direkt in Brezová pod Bradlom.

Restaurant Belan, Staničná 259, 90613 Brezová pod Bradlom, 034/624 22 50, 09 49/774 052, Mo-Fr 11:00-22:00, Sa-So 12:00-22:00

Biegen Sie nach rechts Richtung Brezová pod Bradlom. Übrigens: Herzlichen Glückwunsch! Sie haben die Kleinen Karpaten von Süd nach Nord durchquert.

Folgen Sie den Markierungen bis zum Hauptplatz. Dort gibt es all die Dinge, die Wanderer nach drei Tagen im Wald erfreuen: Restaurant, Supermarkt, Bäckerei und eine Eisdiele.

Bei der katholischen Kirche biegen Sie rechts ab, nach einigen Dutzend Metern dürfen Sie den Wegweiser nach links nicht verpassen. Der Weg verläuft am Rand eines Feldes und führt dann rechts bergauf. Halten Sie sich bei der ersten Aufgabelung links.

In 1 Stunde überwinden Sie 280 m in einem steilem Aufstieg. Oben erreichen Sie die Gedenkstätte ⌘ zu Ehren des Generals Milan Rastislav Štefánik.

General **Milan Rastislav Štefánik** gilt als Mitbegründer des tschechoslowakischen Nationalausschusses als einer der Gründerväter der ersten Tschechoslowakischen Republik. Von 1918-19 war er der erste Kriegsminister der Tschechoslowakei. Er verstarb 1919 bei einem Flugzeugabsturz, der nie vollständig aufgeklärt wurde. Den Namen Milan Rastislav Štefánik werden Sie auf Ihrer Wanderung auf dem Weg der Helden quer durch die Slowakei immer wieder treffen. So wird der erste Abschnitt des Weges von Devin bei Bratislava bis zu der Gedenkstätte „štefánikova magistrála“ genannt. In vielen Städten gibt es Plätze, Straßen und Gebäude, die nach ihm benannt sind. Eine der schönsten Wanderhütten in der Niederen Tatra trägt ebenfalls seinen Namen.

An der Gedenkstätte wurde Milan Rastislav Štefánik 1921 begraben. Das Grabmal befindet sich in der Nähe seines Geburtsortes Košariská auf dem Berg Bradlo (544 m). Mit dem Bau hat man nach dem Entwurf des Architekten Dušan Jurkovič im Jahr 1927 begonnen. Das Denkmal besteht aus weißem Travertin und ist 96 m lang und 70 m breit.

Wenn Sie sich auf der Gedenkstätte befinden und gen Norden schauen, dann sehen Sie eine Stadt mit einem deutlich sichtbaren Fabrikturm - das ist Myjava, das Ziel der heutigen Etappe.

Vorbei an der Horska Chata pod Bradlom - wo es nur Getränke und Snacks gibt, aber keine Unterkunft - geht es bergab über Wiesen. Die Wegmarkierungen sind manchmal zugewachsen oder schwer einsehbar, aber mit etwas Aufmerksamkeit ganz gut zu finden.

Im Tal biegen Sie links auf eine Straße und kommen an einer Pension namens Stará Škola (Alte Schule) vorbei, die einen sehr gemütlichen Eindruck macht. Sollten Sie bereits müde sein, dann könnten Sie hier übernachten. Die Pension befindet sich direkt neben dem Wegweiser Jandova Dolina.

Stará škola, Priepasné 232, 09 05/45 62 15, www.staraskola.sk, rezervacie@staraskola.sk, EZ € 20, direkt am roten Wanderweg

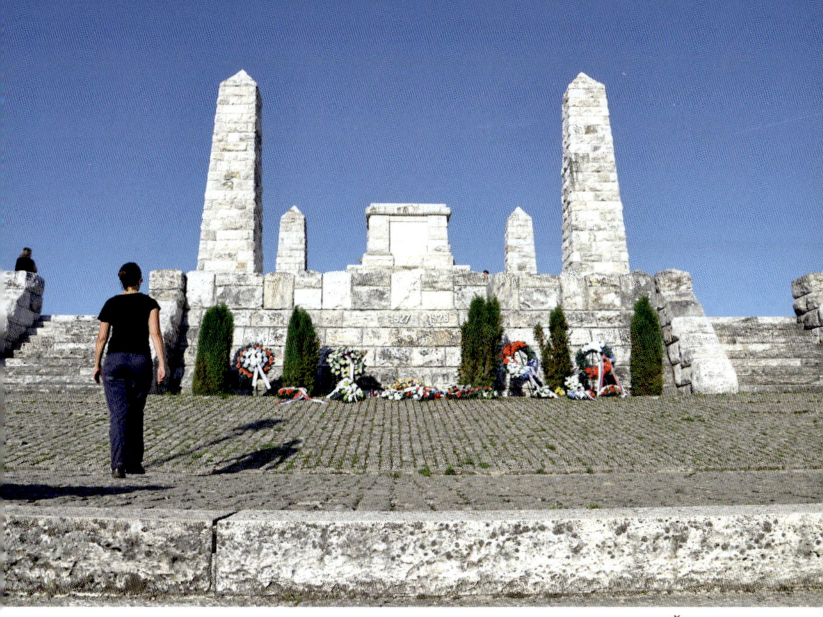

Gedenkstätte zu Ehren des Generals Štefánik

Über Wiesen und durch Weiler führt der Weg einen Hügel hinauf. Sie gehen durch ein Waldstück und laufen dann lange an einem Feldrain entlang. Danach durchqueren Sie einige schön gelegene Weiler, in denen Schwalben in der Abenddämmerung Insekten jagen.

Über eine Asphaltstraße und über einen Feldweg erreichen Sie die Stadt Myjava. Folgen Sie den Wegweisern bis in die Stadtmitte.

Myjava

- Hotel Štefánik, Námestie M. R. Štefánika 37, 90701 Myjava, ☏ 034/621 21 21, www.hotelstefanik.sk, recepcia@hotelstefanik.sk, EZ € 53-69, DZ € 82-98, ✕, (bis 4 Kilogramm) € 20, sehr gutes Frühstücksbüffet ☹ € 6
- ♦ Myjava - Rosy restaurant - pension, Trokanova 1, 90701 Myjava, ☏ 034/621 34 30, www.penzion-rosy.sk, info@penzion-rosy.sk, EZ € 33,50 mit Frühstück, DZ € 53 mit Frühstück, ✕ (So-Do 11:00-22:00 Fr-Sa 11:00-23:00)
- Myjava - Hotel Spoločenský dom, Námestie M.R.Štefánika 562/8, 90701 Myjava, ☏ 034/621 22 20, ☏ 034/621 21 05, spolakmy@gmail.com, Zimmer € 9-50, Zimmerschlüssel bekommt man in dem Restaurant in dem Gebäude,

6. Etappe: Myjava - Veľká Javorina / Holubyho chata

18,3 km, 5 Std. 5 Min., ↑ 810 m, ↓ 225 m, ⇧ 320-910 m

0,0 km	⇧ 320 m	Myjava
9,4 km	⇧ 565 m	Hrabina
18,3 km	⇧ 910 m	Veľká Javorina / Holubyho chata

Sie verlassen Myjava und durchqueren einige Dörfer, um bei dem Weiler Uhliská die Weißen Karpaten zu betreten. Von hier geht´s durch Bergwälder und entlang der slowakisch-tschechischen Grenze bergauf bis auf 910 m, wo Sie mit dem Gipfel Veľká Javorina die höchste Erhebung der Weißen Karpaten erreichen.

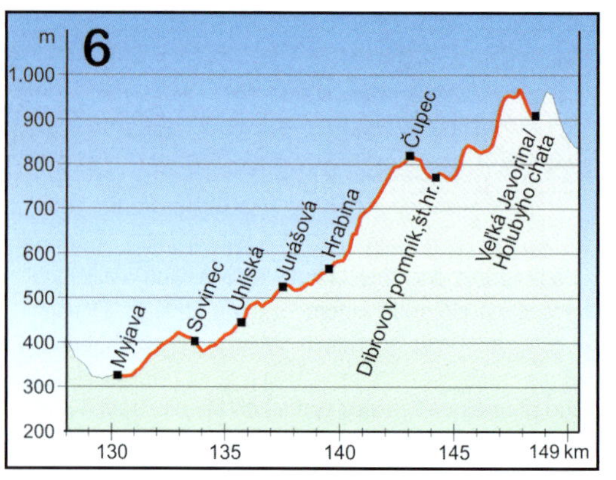

In Myjava starten Sie von der Stadtmitte, überqueren den ersten Kreisverkehr und biegen beim zweiten rechts ab. Vor Ihnen liegen rund 1 Std. 30 Min. auf einer Straße, die leicht bergauf führt. Gleich hinter der Stadtgrenze liegt ein Feld mit Johannisbeeren, die Ihnen in der richtigen Jahreszeit den Weg versüßen können. Über den Feldern singen Lerchen und Sie durchqueren einige verschlafene Weiler.

Bei einigen unverputzten Häusern ist gut ersichtlich, dass hier früher traditionell mit Lehm gebaut wurde. Hinter dem Weiler Uhliská fangen nicht nur der Wald, sondern auch die Weißen Karpaten an.

Nach dem Wegpunkt Jurášová lúka gabelt sich der Weg dreifach auf, nehmen Sie den mittleren Weg, der stärker zugewachsen ist. Hinter dem Wegpunkt Hrabina gabelt sich der Weg bei einer Schutzhütte wieder dreifach auf. Erneut nehmen Sie den mittleren Weg und steigen von dort mit einer angenehmen Steigung auf 818 Höhenmeter zum Wegpunkt Čupec. Von hier verläuft der Weg auf der slowakisch/tschechischen Staatsgrenze, die erst seit dem 1. Januar 1993 existiert.

Das Denkmal, rechts vom Weg liegend, erinnert an einen sowjetischen Soldaten, der in den Weißen Karpaten als Partisan fiel. Nach zwei kräftigen Steigungen sind Sie auf dem Bergkamm, auf dem Sie schon den rotweißen Sendeturm sehen. Sollten Sie hier nicht übernachten wollen, dann gehen Sie links vorbei, Sie stoßen dann wieder auf den roten Weg und sparen sich einen unsinnigen Umweg.

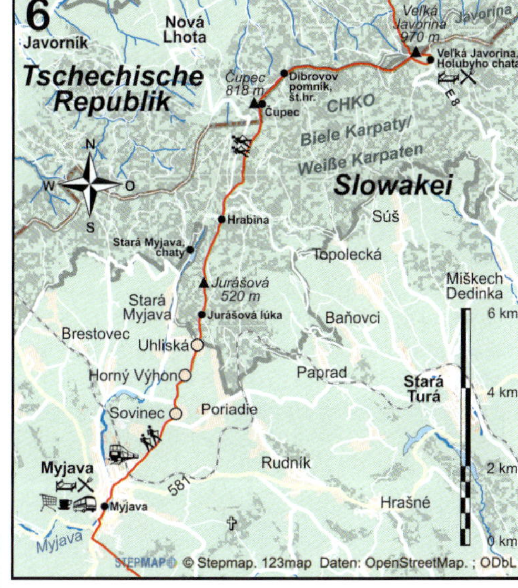

Der E8 biegt hingegen auf dem Javorina gen Süden ab und folgt dem blauen Wanderweg bis in das Dorf Lubina, dann wird er zum grünen Wanderweg, der bis nach Višňové führt. Von hier aus wechselt er erneut seine Farbe auf Gelb bis in das Städtchen Nové Mesto nad Váhom. Danach folgt er dem grünen Weg bis zum Gipfel Pod Inovcom, wo der E8 wieder eine rote Markierung erreicht, die gen Norden bis nach Trenčín führt, wo beide Wanderwege - der E8 und der Weg der Helden - nach 77 km wieder identisch sind.

Rechts vorbei, die Straße hinunter, treffen Sie auf die **Chata Holubyho**. Sie wurde nach einem evangelischen Pfarrer benannt, der in den Weißen Karpaten botanische und ethnologische Studien betrieb. Sie sollten in der Chata ein Bett im Vorfeld reservieren, ansonsten kann es passieren, dass alles ausgebucht ist. Im Umfeld der Chata gibt es einige rar gesäte ebene Stellen, die zum Zelten geeignet sind.

Holubyho chata 1048, 91612 Lubina, 09 03/43 59 47 (eventuell mehrmals anrufen, da die Verbindung schlecht ist), www.holubyhochata.sk, info@holubyhochata.sk, EZ € 16 mit Frühstück,

7. Etappe: Chata Holubyho - Mikulčin Vrch

21,7 km, 5 Std. 45 Min., ↑ 660 m, ↓ 540 m, ⇧ 530-910 m

0,0 km	⇧ 910 m	Veľká Javorina / Holubyho chata
5,8 km	⇧ 650 m	Kamenná bouda (CZ)
7,9 km	⇧ 590 m	Hrabina (CZ)
12,6 km	⇧ 585 m	Březová (CZ)
19,9 km	⇧ 690 m	Troják (CZ)
21,7 km	⇧ 780 m	Mikulčín Vrch (CZ)

Sie werden den ganzen Tag in der Tschechischen Republik wandern. Vom Gipfel Veľká Javorina steigen Sie gemächlich ab und laufen über Felder, Kuhwiesen und durch kleine Wäldchen. Zum Schluss steigen Sie auf den Kamm des Mikulčín Vrch.

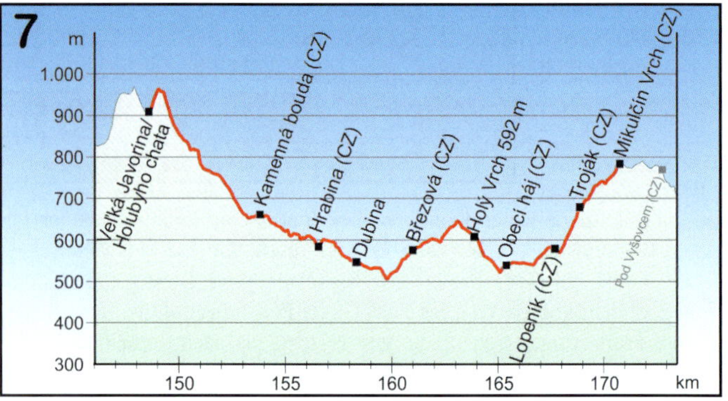

Sie werden die Staatsgrenze zu der Tschechischen Republik überqueren - achten Sie bitte darauf, dass Sie einen gültigen Personalausweis dabeihaben. Auch wenn die Wahrscheinlichkeit, dass Sie kontrolliert werden, eher gering ist.

Der Gipfel Veľká Javorina ist mit 970 m der höchste Berg der Weißen Karpaten. Er ist dafür bekannt, dass auf ihm jährlich seit 1933 große Freundschaftstreffen zwischen Slowaken und Tschechen stattfinden. Ein Gedenkstein mit der Aufschrift „Hier werden sich immer Brüder treffen!" betont das gute Verhältnis zwischen den beiden Ländern.

Rechts an der Chata laufen Sie den Berg hinauf, Sie kommen am Funkturm vorbei, um dann auf der tschechischen Seite lange einem abfallenden Bergrücken zu folgen. Willkommen in der Tschechischen Republik! An der Staatsgrenze werden Sie mit einer Informationstafel begrüßt.

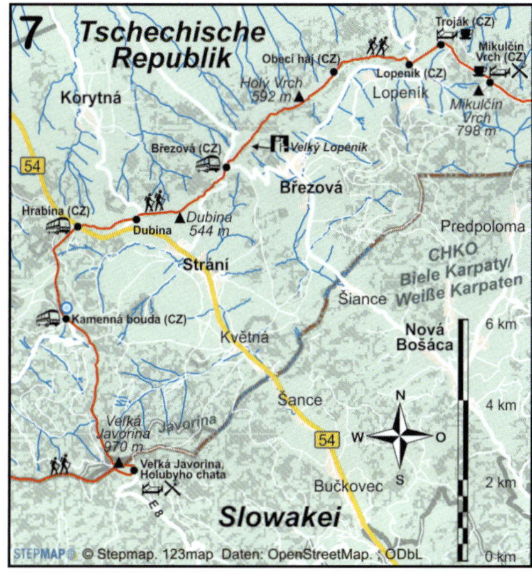

Sie finden dort unter anderem die Geschichte zweier Brüder, die bis heute in den Weißen Karpaten besungen wird. Der eine Bruder war reich, der andere arm. Der arme Bruder hat sich mit Räubern zusammengetan und sie überredet, seinen reichen Bruder zu überfallen. Gesagt, getan und sie saßen mit ihrer reichen Beute im Wald. Um eine goldene Uhr entzündete sich ein Streit und die Geschichte endete damit, dass der arme Bruder von den Räubern erschlagen wurde. Aus dieser Geschichte ist ein bekanntes Volkslied entstanden.

Sie steigen ab und hinter Kamenná bouda ist auf der rechten Seite eine Quelle ausgewiesen, die allerdings ungepflegt und wenig vertrauenswürdig aussieht. Der Vollständigkeit halber sei sie erwähnt.

Der Tschechische Klub der Touristen (KST) gibt die Wegstrecke mit Kilometern und nicht wie beim Slowakischen Klub mit Stunden an. Vom Wegpunkt Kamenná bouda sind es noch 16,5 km bis Mikulčin Vrch.

Sie folgen der Forststraße, überqueren die Landstraße 54 und erreichen den Wegpunkt Dubina. Hier erinnert eine Tafel daran, dass dort am Ende des Zweiten Weltkrieges eine Panzerschlacht zwischen sowjetisch-rumänischen und deutschen Einheiten stattgefunden hat. Geschichtsinteressierte stellen diese Schlacht in unregelmäßigen Abständen nach.

Weiter geht es über einen langen Feldweg und durch einen Buchenwald. Sie überqueren die Straße, die nach Březová führt und laufen danach wieder ein gutes Stück auf dem Feldweg. Auf der rechten Seite liegt nach 1 km ein Aussichtsturm mit Ausblick auf dem Gipfel Velký Lopeník.

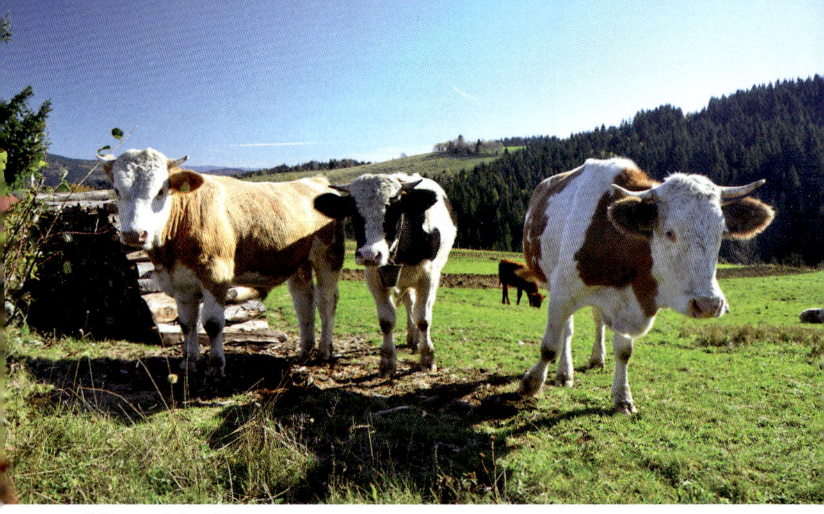

Kühe auf der Wiese

Im angrenzenden Wald finden Sie am Wegesrand einen blauen Briefkasten des Tschechischen Klubs der Touristen. Sie werden gebeten, zum Wegverlauf und der Markierung Rückmeldung zu geben. Eine nette Idee, wie wir finden.

Hinter dem Holý Vrch können Sie im Nordosten den kammartig ausgestreckten Berg Mikulčin sehen, der das heutige Ziel der Etappe ist. Weiter führt der Weg durch ein Waldstück, in dem Sie auf viele Wegkreuzungen stoßen, wo die Markierungen manchmal irreführend angebracht sind. Achten Sie darauf, dass Sie nach jeder Kreuzung schon bald die nächste Markierung sichten!

Bei Lopenik stoßen Sie auf eine Straße, biegen rechts ab und die erste wieder links. Am Ende der Etappe ist der letzte Aufstieg noch einmal ermüdend, aber danach sind Sie auf dem **Mikulčin Vrch**. Hier gibt es mehrere Hütten mit Möglichkeiten zur Übernachtung und Einkehr.

- Chata Lopata, Mikulčin Vrch č.p. 37, 68774 Starý Hrozenkov, ☏ 004 20(0)572 64 69 02, 004 20(0)604 58 44 46, www.ski-bile-karpaty.cz, chatalopata@seznam.cz, EZ CZK 210
- ♦ Horská chata Valmont Vyškovec, 68774, Starý Hrozenkov, ☏ 004 20(0)572 69 69 50, 00420(0)728 08 82 29, www.horskachatavalmont.cz, chata@valmont.cz, EZ CZK 260, ,
- ♦ Penzion Patrik Mikulčin Vrch Vápenice 65, 68774 Starý Hrozenkov, ☏ 004 20(0)572 64 69 46, 00 420(0)602 51 99 29, www.mikulcinvrch.cz, chata@mikulcinvrch.cz, DZ CZK 900,

8. Etappe: Mikulčin Vrch - Trenčin

24,6 km, 6 Std. 45 Min., ↑ 561 m, ↓ 1.135 m, ⇧ 211-780 m

0,0 km	⇧ 780 m	Mikulčín Vrch (CZ)
2,0 km	⇧ 770 m	Pod Vyšovcem (CZ)
4,3 km	⇧ 720 m	Kykula
11,0 km	⇧ 630 m	Pod Sokolím kameňom
15,3 km	⇧ 242 m	Drietoma
24,6 km	⇧ 211 m	Trenčín

Von Mikulčin Vrch für der Wanderweg über wenig befahrene Landstraßen zu der slowakisch-tschechischen Staatsgrenze, der Sie einige Kilometer über blühende Bergwiesen folgen. Danach steigen Sie ab, durchqueren das Dorf Drietoma, kommen an einer Heilwasserquelle vorbei und sehen dann in der Ferne die mittelalterliche Burg Trenčín.

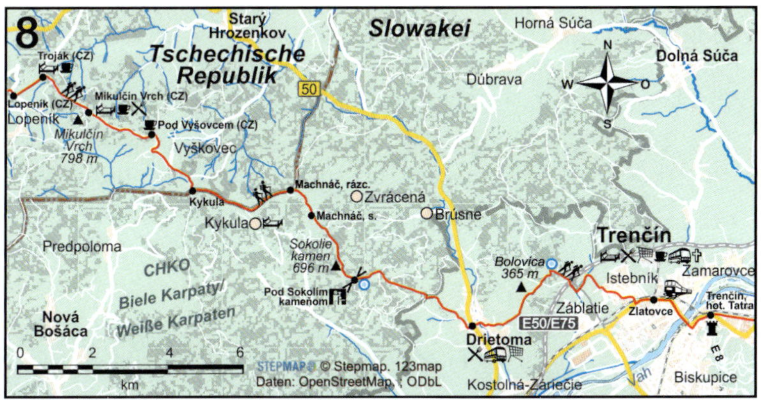

Sie folgen der Straße auf dem Bergrücken bergauf und gehen dann ein Stück in Serpentinen bergab. Auf der linken Seite befinden sich eine Kapelle und eine Quelle mit schmackhaftem Wasser.

Wenn Sie einige Hundert Meter weitergehen, finden Sie einen Gedenkstein für amerikanische Piloten, die hier während einer der größten Flugzeugschlachten des Zweiten Weltkriegs 1944 abgestürzt sind. Dahinter gabelt sich der Weg dreifach auf, nehmen Sie den mittleren Weg. Sie erreichen nach einem kurzen Aufstieg die tschechisch-slowakische Staatsgrenze, auf der Sie weiter gen Westen laufen.

Sie erreichen eine Asphaltstraße, die nach Kykula (Čast) in die Slowakei führt. Rund 500 m vom Weg entfernt befindet sich ein ✕ Restaurant, das in der Woche ab 15:00 und am Wochenende ab 10:00 geöffnet hat. Übernachtungsmöglichkeiten sind auch vorhanden. Das Restaurant ist in einem Gebäude untergebracht, in dem 1903 eine der ersten Almschulen in der Slowakei eröffnet wurde. Die lebenslustige Besitzerin steht selbst in der Küche und für ihre Gerichte kommen Leute von weit her angefahren.

✕ Penzión Stará Škola, Kykula 562 913 04 Chocholná-Velčice, ☏ 032/648 41 66, 0917/49 93 23, www.penzionstaraskola.sk, info@penzionstaraskola.sk, EZ € 25, DZ € 39

Der E8 führt weiter über Wiesen bis Machnač, von wo Sie schon einen Blick auf die Stadt Trenčin haben. Es geht nun bergab. Der Ausblick vom Falkenstein (sokolie kamen) ist empfehlenswert für eine Pause. Unterhalb des Felsens wachsen die stattlichen Türkenbundlilien.

Einige Schritte hinter dem Sattel Pod Sokolim Kameňom befindet sich eine Quelle, die auf den Karten nicht verzeichnet ist. Danach folgt ein kurzer steiler Aufstieg und ein langer steiler Abstieg über 500 Höhenmeter bis ins Dörfchen Drietoma.

Schon in Sichtweite des Dorfes biegt der Weg rechts ab, führt entlang eines Feldrains und auf Seitenwegen ins Dorf. Wenn Sie auf der Hauptstraße

Pause auf dem Sattel Pod Sokolím Kameňom

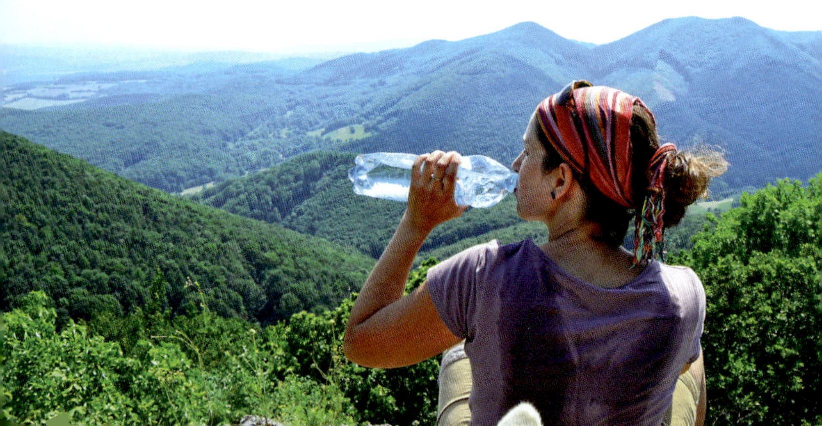

rechts abbiegen, erreichen Sie nach 50 m ein Motorrest, wo Sie bei Bedarf etwas essen können. Ansonsten geht es über die Hauptstraße und weiter durchs Dorf.

Motorest Eden, Drietoma 462, 91303 Drietoma, 09 11/81 67 04, motorest.drietoma@zoznam.sk, Mo-Sa 9:00-23:00, So 11:00-23:00

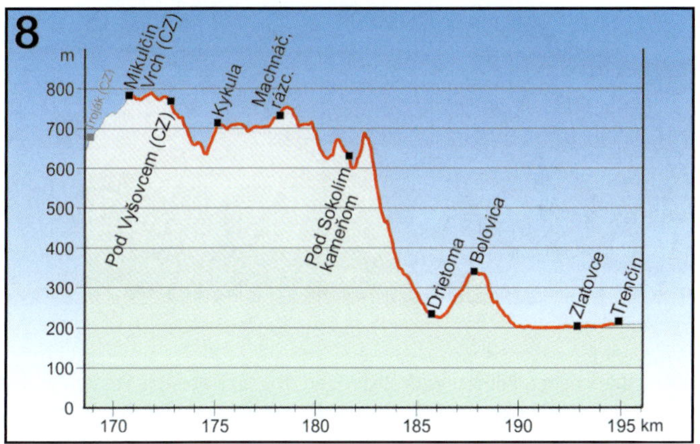

Sie gehen über einen Feldweg, der durch Sonnenblumenfelder führt. Hinter dem höchsten Punkt Bolovica müssen Sie mitten durchs Getreidefeld. Der Weg ist nicht ganz leicht zu finden, wenn das Getreide hoch steht. In der Mitte des Feldes steht ein markanter, allein stehender Baum mit abgebrochener Krone - steuern Sie diesen an! Danach sehen Sie in derselben Flucht einen Hochsitz, den Sie weiter ansteuern können.

Im Wald hinter dem Feld ist der Weg kaum ausgetreten und sieht wenig begangen aus, so dass Sie genau den Markierungen folgen sollten, die gut sichtbar sind. Sie werden unter einem Schutzhäuschen auf eine Quelle stoßen. Das Wasser ist sehr mineralhaltig und steht im Ruf sehr gesund zu sein. Über Geschmack lässt sich bekanntlich streiten.

Sie kommen an einem Hühnerhof vorbei und sind schon am Stadtrand von Trenčin. Sie unterqueren die Autobahn E50/E75, durchlaufen ein Wohnviertel und biegen dann links auf die Hauptstraße ab, auf der Sie die nächsten 45 Min. bleiben. Der Weg verläuft durch ein Industriegebiet und ist stark befahren. Wir empfehlen, dass Sie in einen der Busse einsteigen, die hier regelmäßig pendeln, und sich in die Innenstadt mitnehmen lassen. In der Altstadt unter der Burg befindet sich eine Reihe von Pensionen.

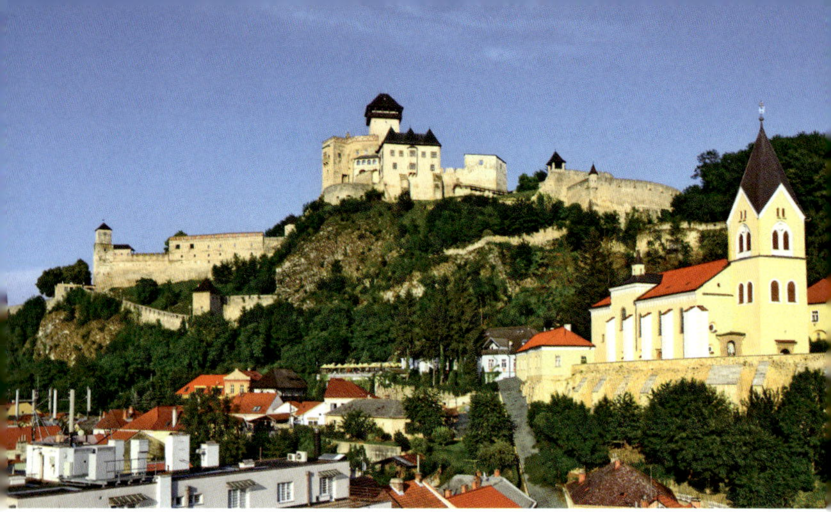

Die Burg von Trenčín

Trenčín gehört neben Nitra und Bratislava zu den drei ältesten Städten in der Slowakei. Schon im Altertum verlief ein Teil der Bernsteinstraße durch Trenčín. Bekannt ist Trenčín für die römische Inschrift auf dem Burgfelsen. Sie stammt aus der Zeit der Markomannenkriege im zweiten Jh. n. Chr., als die Soldaten der römischen Legion im damaligen Laugaritio überwintert haben.

Auf einem Felsen über der Stadt steht die mittelalterliche Burg Trenčín, zu der es eine der bekanntesten Sagen in der Slowakei gibt. Sie erzählt über die Liebe des türkischen Paschas Omar zu der schönen Fatima, die auf der Burg von Stephan Zapolsky gefangen gehalten wurde. Für ihre Freiheit versprach Omar, einen Brunnen in der Burg auszugraben. Mit 300 Gesellen grub er drei Jahre lang einen Wasser führenden Brunnen aus dem harten Felsen. Mit den Wörtern „Zapolsky du hast das Wasser, aber kein Herz", nahm er dann Fatima mit sich nach Hause.

Die Stadt hat etwas mehr als 56.000 Einwohner und ist Hauptstadt des Trentschiner Landschaftsverbands. Jeden Sommer findet hier auf dem Flughafen das bekannteste slowakische Musikfestival Pohoda statt. Weitere interessante Sehenswürdigkeiten: Haus des Henkers, Pestsäule, Synagoge, Beinhaus des Heiligen Michaels und das Stadttor.

Trenčín

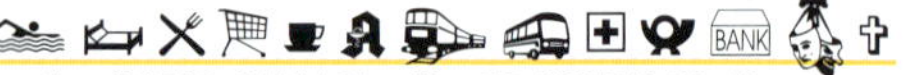

Penzión Scarlet Palackého ulica č 6790, 91101 Trenčín, 032/743 28 40, 09 48/18 59 86, www.penzionscarlet.sk, scarlet@slovanet.sk, EZ € 45, DZ € 49,

- Penzión Svorad, Palackeho 4, 91101 Trenčín, ☏ 032/743 03 32, 📱 09 10/93 03 32, 💻 www.svorad-trencin.sk, ✉ svorad@svorad-trencin.sk, EZ € 18-32, DZ € 28-40
- Penzión Artur Palackého 23, 91101 Trenčín, ☏ 032/748 10 30, 📱 09 04/33 96 54, 💻 www.arturtn.sk, ✉ penzionartur@arturtn.sk, EZ € 35, DZ € 40, ✕

9. Etappe: Trenčin - Horná Poruba

26,8 km, 7 Std. 30 Min., ↑ 1.083 m, ↓ 1.545 m, ⇧ 211-600 m

0,0 km	⇧ 211 m	Trenčín
4,5 km	⇧ 240 m	Kubrá
12,4 km	⇧ 268 m	Trenčianské Teplice
16,3 km	⇧ 545 m	Kamenné vráta
19,5 km	⇧ 600 m	Omšenská baba
26,8 km	⇧ 440 m	Horná Poruba - Za Hôrkou

Sie verlassen Trenčin, trinken in Kubrá ein Schluck Heilwasser direkt aus der Quelle und wandern durch Wälder, bis Sie den bekannten Kurort Trenčianské Teplice erreichen. Hier sollten Sie sich ein wenig Zeit nehmen, um durch die Parks zu schlendern oder sich im türkischen Bad Hamam vom Staub des Weges zu befreien. Danach erwartet Sie mit dem „Felsentor" ein schöner Aussichtspunkt, aber auch ein kräftiger Anstieg. 1 km dahinter erreichen Sie mit Omšenská baba einen möglichen Platz zum Rasten und Zelten. Rund 7 km weiter erreichen Sie das Dorf Horná Poruba.

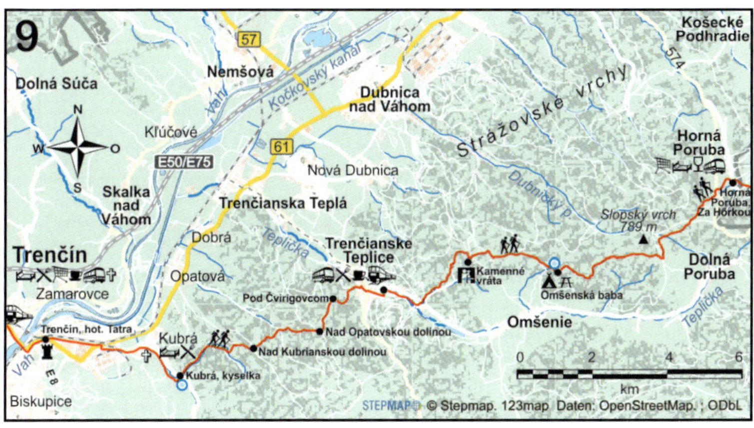

In der Stadtmitte von Trenčin, am Wegpunkt Trenčín, hot. Tatra, treffen der Weg der Helden und der E8 wieder aufeinander. ☝ Biegen Sie nicht gen Süden ab, sondern folgen Sie den roten Markierungen Richtung Osten nach Trenčianske Teplice!

Sie durchlaufen den östlichen Teil von Trenčin. Am Stadtrand, bei dem Supermarkt Billa, biegen Sie rechts ab und erreichen das Dorf Kubrá. Der Weg führt an der Dorfkirche vorbei und parallel zur Dorfstraße. Am Ende der Schrebergartenzeile, dort wo der Wanderweg links abbiegt, befindet sich eine Heilquelle, wo Sie umsonst Wasser entnehmen können. Oftmals müssen Sie hier geduldig warten, weil es schon eine Warteschlange gibt.

Entlang eines Baches wandern Sie bergauf. Bei schwülem Wetter warten hier Bremsen auf verschwitzte Wanderer. ☝ Ihre Markierung ist ein roter Querbalken auf weißem Grund. Teilweise sehen Sie auf dem Weg auch eine Markierung mit einem roten Kreis auf weißem Grund, der Sie nicht versehentlich folgen sollten.

Sie überqueren zwei Höhen - Nad Kubrianskou dolinou und Nad Opatovskou dolinou - und erreichen Trenčianske Teplice.

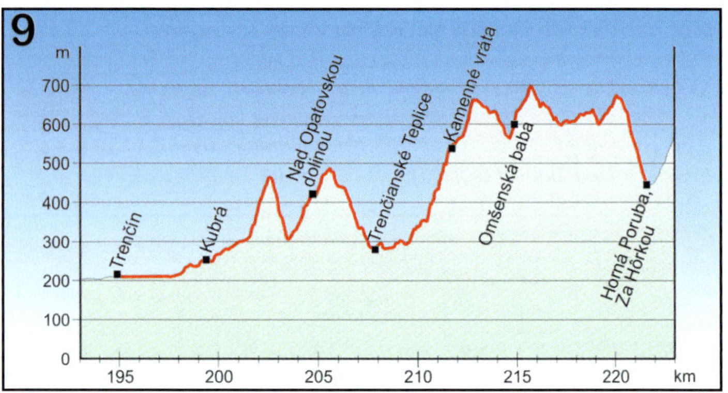

Die Stadt ist seit dem 16. Jh. einer der bekanntesten Kurorte in der Slowakei. Die Heilquellen des heutigen Kurortes wurden laut der Legende von einem Hirten entdeckt, der sein verlorenes Schaf suchte. Dabei fand er einen kleinen See, der nach Schwefel roch. Darin badete er sein verletztes Schaf und bemerkte, dass es ihm danach besser ging. Kurz entschlossen badete er ebenfalls seine schmerzenden Glieder in dem warmen Wasser und auch ihm ging es besser. Er begann über die heilende Wirkung zu berichten und viele Kranke begannen in den Quellen dieses Heilwassers zu baden.

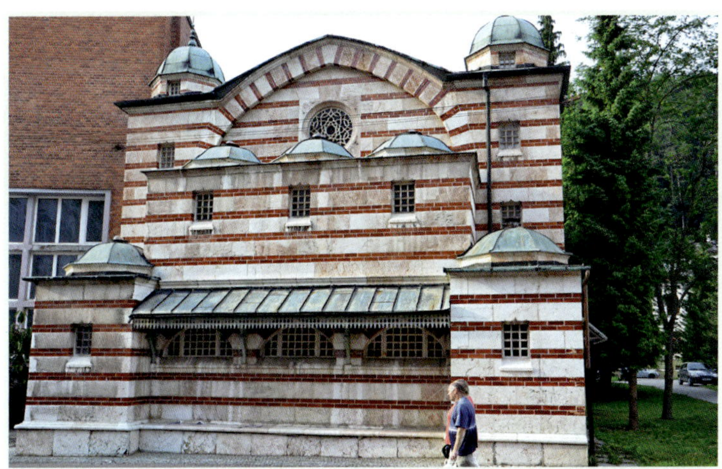

Das türkische Bad „Hamam"

mas türkische Bad „Hamam" ist mit seiner Architektur einzigartig in Mitteleuropa. Das Bad hat eine interessante Geschichte: Die damalige Besitzerin des Kurortes, Iphigenie de Castries-d´Harcourt, sah auf einer Weltausstellung in Paris ihr erstes türkisches Bad und war so begeistert, dass sie den ägyptischen Vizekönig Ismail Pascha um Genehmigung bat, ein türkisches Bad in Trenčianske Teplice errichten zu dürfen. Der wiederum gab nicht nur die Genehmigung, sondern schickte auch seinen Hofarchitekten, der das Bad im Jahre 1888 fertigstellte. Das Motto des Bades ist: „Es gibt ein größeres Glück, als gesund zu sein, und dies ist - gesund zu werden".

Einmal im Jahr im Sommer gibt es in Trenčianske Teplice ein beliebtes internationales Filmfestival Artfilm. Sie sollten rechtzeitig ein Zimmer buchen, falls Sie in dieser Zeit in der Stadt unterkommen wollen.

Sie gehen entlang der Promenade, wo es viele gute Restaurants und Cafés gibt. Danach führt der Weg durch einen Park und auf Seitenwegen aus Trenčianske Teplice hinaus.

Trenčianske Teplice

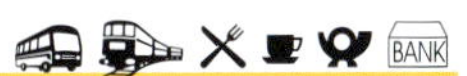

Hotel Praha, 17.Novembra 7, 91451 Trenčianske Teplice, 09 03/81 66 06, 032/655 20 20, www.hotelpraha.sk, recepcia@hotelpraha.sk, EZ € 46, DZ € 69

- Penzión Harmona, Hurbanova 26, 91451 Trenčianske Teplice, 09 44/36 05 42, 032/655 15 03, www.penzionharmona.sk, irco@mail.telekom.sk, EZ € 25, DZ € 25,
- CITY ubytovanie, Bagarova 1, 91451 Trenčianske Teplice, 09 03/81 66 06, 032/655 31 67, www.cityubytovanie.estranky.sk, uby@post.sk, DZ € 30,
- Privat Pavol Hollý, Partizánska 80/493, 91451 Trenčianske Teplice, 09 02/30 05 13, holla410@gmail.com, Ü € 15,

Auf das „Felsentor" (Kamenné vráta) steigen Sie ungefähr 1 Stunde auf. Von dort haben Sie einen schönen Ausblick auf die umliegenden Seitentäler. Sie befinden sich übrigens in dem dritten Gebirge Ihrer Wanderung namens: Strážovské vrchy. Der Name hat im Deutschen keine Entsprechung und ist für Nicht-Muttersprachler nicht gerade leicht auszusprechen.

1 km hinter Kamenné vráta befindet sich eine größere Wiese, auf der sich gut zelten lässt. Oder Sie steigen noch weiter ab bis vor Omšenská baba, wo sich eine Quelle, ein Schutzdach und leidlich ebene Stellen zum Biwakieren befinden.

Der Weg verwandelt sich dann in einen „Dschungelpfad" mit hüfthohen Farnen, Ranken der Waldrebe, kniehohen Brennnesseln und dichten Gebüschen, die den Weg versperren. Da wünscht man sich eine Machete.

Schließlich treten Sie aus dem Wald und auf eine Wiese. Folgen Sie dem Weg mit den Traktorspuren links für die nächsten 200 m. Zwar führt die Markierung parallel dazu im Unterholz, das aber so dicht bewachsen ist, dass Sie dem Weg auf der Wiese den Vorzug geben sollten.

Bleiben Sie auf der Höhe, bis Sie einen deutlich sichtbaren Pfeil sehen, der nach rechts zeigt. Die Markierungen erfordern hier Aufmerksamkeit, weil sie nicht immer deutlich angebracht sind. Sie kommen an drei Quellen vorbei, von denen die zweite Quelle auf uns den besten Eindruck gemacht hat.

Nach einigen Hundert Metern führt der Weg auf eine Wiese. Sie sehen ein eingezäuntes Holzhäuschen. Hier biegt der Weg nach links ab. Bleiben Sie am Hang auf derselben Höhe, bevor es durchs Tal ins Dorf Horná Poruba geht.

Horná Poruba

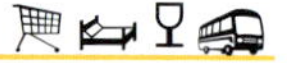

- Potraviny M and M, Horná Poruba 158, Mo-Fr 6:00-16:00, Sa 6:00-12:00
- Potraviny Dušan Staňo, Horná Poruba 376, Mo-Fr 6:00-17:00, Sa 6:00-11:00
- Unterkunft Ubytovanie Mgr. Mária Staňová, Horná Poruba 80, 042/446 01 36, Ü € 10

10. Etappe: Horná Poruba - Čičmany

28,3 km, 8 Std. 45 Min., ↑ 1.505 m, ↓ 1.295 m, ⇧ 440-1.050 m

0,0 km	⇧ 440 m	Horná Poruba - Za Hôrkou
3,1 km	⇧ 956 m	Vápeč
4,6 km	⇧ 770 m	Srvátkova lúka
17,9 km	⇧ 605 m	Zliechov
23,7 km	⇧ 1.130 m	Lúka pod Strážovom
28,3 km	⇧ 655 m	Čičmany

Wir haben uns bei dieser Etappe für eine lange Strecke entschieden, weil mit Čičmany eins der sehenswertesten Dörfer der Slowakei als Tagesziel auf Sie wartet. Dafür müssen Sie die beiden Gipfel Vápeč und Strážov besteigen, die aber beide mit herrlichen Aussichten jegliche Anstrengungen belohnen. Dazwischen gibt es eine lange Strecke ohne nennenswerte Steigungen. Sollten Sie die Etappe als zu lang empfinden, könnten Sie auch in Zliechov unterkommen.

Hinter Horná Poruba erwartet Sie ein kerniger Aufstieg auf den Gipfel Vápeč über 550 Höhenmeter auf ⇧ 956 m. Am Fuße des Berges und kurz vor dem Gipfel befinden sich zwei Wasserquellen. Bei langer Trockenheit sollten Sie auf Nummer sicher gehen und bei der unteren Quelle Ihre Flaschen füllen. Hinter dem Gipfel kommen Sie für eine längere Zeit an keinen Quellen mehr vorbei. Bei dem Sattel Palúch können Sie entweder dem Wanderweg weiter folgen, ohne auf den Gipfel zu steigen, oder den Markierungen mit dem Dreieck für 5 Min. folgen, um den Aussichtspunkt zu erreichen.

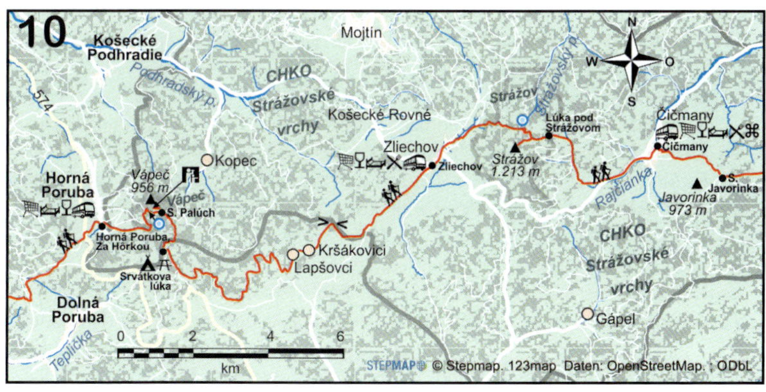

Der Gipfel mit seinen weißen schroffen Felsen ist ein beliebtes Fotomotiv und einer der schönsten von den vielen „kleinen" Gipfeln auf dem Weg der Helden. Im Nordwesten sehen Sie die Stadt Ilava und im Osten den markanten Gipfel Strážov, der auch namensgebend für das ganze Gebirge ist. Im Westen erstreckt sich das Dorf Horná Poruba vor Ihren Füßen. Unterhalb des Gipfels befindet sich eine kleine Höhle.

Bei sonnigen, windstillen Tagen im Sommer sollten Sie sich nicht wundern, wenn auf dem Gipfel viele Schmetterlinge fliegen. Einige Schmetterlingsarten, wie zum Beispiel der Schwalbenschwanz, fliegen auf den Vápeč, um dort zu balzen und sich fortzupflanzen. Das Phänomen ist als Gipfelbalz oder auch als „hilltopping" bekannt.

In südöstlicher Richtung geht es genauso steil bergab wie bergauf, nur durchqueren Sie anstelle eines Buchenwaldes ein lichtes Kiefernwäldchen. Aufgrund der exponierten Südlage wachsen hier wärmeliebende Pflanzen und das eindringliche Zirpen zeugt davon, dass sich hier auch Heuschrecken wohlfühlen.

Unterhalb des Gipfels sind einige Markierungen mutwillig geschwärzt. Die Geschichte wurde auch in der lokalen Presse diskutiert und geht so: Ein lokaler Waldbesitzer ist nicht damit einverstanden, dass der rote Wanderweg durch seine Waldflächen verläuft. Der Waldbesitzer lässt die Markierungen schwärzen, der Klub der slowakischen Touristen markiert neu, kurz danach sind die Markierungen erneut geschwärzt. Der Wanderklub stellt bei der Polizei Strafanzeigen, die wiederum kann keinen Täter ermitteln. Deswegen hat sich der KST entschlossen, den Weg umzulegen und ihn auf einer alternativen Route nach Zliechov zu führen. Die ist ein wenig länger, dafür aber weniger kräftezehrend, weil weniger Höhenmeter zu bewältigen sind. Seit 2013 ist die neue Wegführung markiert. Die Zeitangaben auf den Wegweisern bis Zliechov geben aber noch die Distanzen der alten Wegführung an.

Sie bleiben auf dem Kamm und nach einigen Hundert Metern auf und ab dürfen Sie den Pfeil nach rechts nicht verpassen, der Sie auf die Wiese Srvátkova lúka führt. Am Ende der Wiese biegen Sie nach links ab, der blaue Weg führt weiter geradeaus. Entlang eines Bachbettes steigen Sie bergab und erreichen einen Holzverladeplatz. Hier halten Sie sich schräg links und laufen nun für die nächsten 2 Std. gemütlich auf einem Forstweg ohne nennenswerte Steigungen.

Bei dem Weiler Lapšovci treffen Sie auf eine Kreuzung, ohne dass eine Wegmarkierung ersichtlich ist. Halten Sie sich schräg links und steigen Sie den Sattel hoch. Auf dem Sattel steuern Sie auf ein Wegkreuz zu, auf dem ganz pragmatisch Wegmarkierungen angebracht sind. Halten Sie sich weiterhin links und folgen Sie

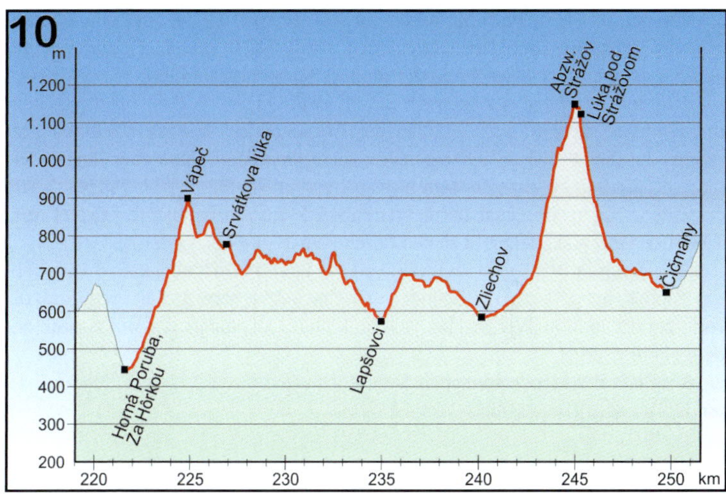

den Traktorspuren. Sie werden nach einigen Dutzend Metern einen Hochsitz sehen, an dem Sie vorbeigehen. Sie durchqueren ein Buchenwäldchen und stoßen auf eine weitgestreckte Wiese. Folgen Sie weiterhin den Traktorspuren und schon nach einigen Hundert Metern. taucht die markante Felsformation des Gipfels Strážov am nordöstlichen Horizont auf.

Mangels Wegmarkierungen nehmen Sie den Gipfel als Orientierung und folgen den Traktorspuren in nordöstlicher Richtung. Am Ende der Wiese kommen Sie auf einen Weg, der Sie ins Dorf Zliechov führt. Am Dorfrand gibt es eine Reihe von Viehställen und eine Verkaufsstelle, wo Sie Milch- und Käseprodukte direkt vom Hersteller erwerben können.

Zliechov

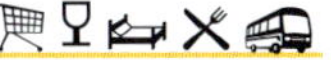

Reštaurácia, Zliechov 243, 01832 Zliechov, 09 04/53 57 86, lunata@centrum.sk, Mo-Do 16:00-21:00, Fr 15:00-22:00, Sa 13:00-22:00, So 13:00-17:00 (Im Restaurant wird für Wanderer auch eine Unterkunft organisiert.)

Lebensmittelladen Potraviny, es gibt zwei Läden, die abwechselnd geöffnet sind, beide sind im Zentrum des Dorfes, Mo-Fr 6:30-18:30, Sa 6:30-17:00, So 6:30-17:00

Ubytovacie zariadenie škola Zliechov, 01832 Zliechov, 09 07/71 01 63, 042/447 45 87, 042/444 20 84 (besser in der Woche anrufen und reservieren), www.zliechov.sk, obeczliechov@zliechov.sk, Ü € 10

Aus dem Dorf wandern Sie durch ein lang gestrecktes Tal. Auf den Wiesen wachsen Wollgräser und seltene Orchideen. Nach 100 m gabelt sich der Weg auf und Sie nehmen den linken Weg, der in einer Kurve bergauf führt.

Während des Aufstiegs kommen Sie an zwei Quellen vorbei. Beide machen den Eindruck, dass sie auch eine längere Trockenperiode aushalten können. Sie steigen auf den 1.213 m hohen Stražov und haben damit den ersten Tausender Ihrer Wanderung erklommen. Von hier aus, vermutlich müssen wir es nicht extra erwähnen, haben Sie einen herrlichen Ausblick auf die bewaldeten Gipfel und Täler der Strážovské vrchy, in denen Bären, Wölfe und Luchse leben.

Der folgende Abstieg ist steil und verläuft über 500 Höhenmeter. Unterhalb des Gipfels, auf ⇧ 1.130 m befindet sich eine Wiese namens Lúka pod Strážovom, auf der in Notfällen gezeltet werden könnte - allerdings gehört sie noch zu dem Naturreservat.

Am Ende der Etappe erreichen Sie Čičmany, das sicherlich eines der schönsten Dörfer auf dem gesamten Weg ist.

Das Dorf ist slowakeiweit bekannt für seine Volksarchitektur und die auffälligen Bemalungen der traditionellen Holzhäuser. Meist sind es Tiere und Pflanzen, Herzen, Sonnen oder einfach geometrische Elemente, die mit weißem Kalk auf

Holzhaus in Čičmany

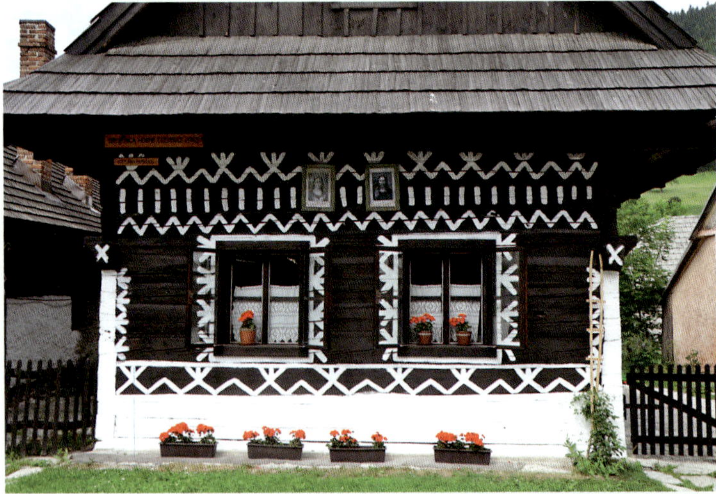

die Hauswände aufgetragen wurden. Diese Tradition ist über 200 Jahre alt. Es wird erzählt, dass die Männer die Muster an die Wände gemalt und die Frauen diese dann auf die Trachten gestickt haben. Das slowakische Nationalteam der Winterolympiade 2014 trug Kleidung, die mit Mustern von Čičmany verziert waren. 1977 wurde der untere Teil der Gemeinde unter Denkmalschutz gestellt. Ein kleines Museum im Raden- und Gregorhaus beschreibt das Leben in Čičmany und Umgebung.

⌘ Museum Čičmany, 01317 Čičmany, ☏ 041/500 15 11, 09 18/18 76 83, muzeum@pmza.sk, www.pmza.sk, Juni-August Mo-So 9:00-16:00

Čičmany

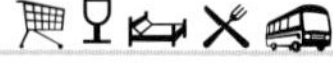

Potraviny Ficek, Čičmany 280, 01315 Čičmany, Mo-Fr 7:00-16:00, Sa 7:00-12:00, So 9:30-12:00

Penzión Javorina, Čičmany 269, 01315 Čičmany, ☏ 041/500 22 84, 09 05/83 50 89, www.penzionjavorina.sk, info@penzionjavorina.sk, Ü € 20, ✕,

♦ Penzión Dom sv. Bystríka, 01315 Čičmany, 09 03/48 34 54, 09 03/23 41 14, www.bystrikpenzion.sk, penzion.bystrik@gmail.com, Ü € 15

♦ Kaštieľ Čičmany, 01315 Čičmany, 09 05/26 71 17, 09 05/34 22 74, www.kastielcicmany.sk, Ü € 15, ✕

♦ Penzión Katka, Čičmany 50, 01315 Čičmany, 09 48/97 51 36, www.penzion-katka.sk, info@penzion-katka.sk , Ü € 12, ✕,

11. Etappe: Čičmany - Hadviga

25,8 km, 7 Std. 30 Min., ↑ 1.354 m, ↓ 1.360 m, ⇧ 650-1.073 m

0,0 km	⇧ 655 m	Čičmany
10,9 km	⇧ 802 m	Fačkovské sedlo
19,2 km	⇧ 666 m	Vrícke sedlo
25,8 km	⇧ 650 m	Hadviga

Von Čičmany geht es über blühende und verbuschte Bergwiesen, durch dichte und wildreiche Wälder und über den 1.073 m hohen Berg Homôlka bis zum Sattel Fačkovské, wo Sie in einer gemütlichen Berghütte einkehren können. Danach folgen Sie dem E8 rund 15 km durch lichte Wälder bis zu dem verschlafenen Weiler Hadviga.

Sie verlassen Čičmany, queren die Skipiste und erreichen den Sattel Javorinka. Hier folgen Sie dem Weg der Helden Richtung Nordost. Sie steigen auf den Javorina und überqueren den Sattel Pod Priečnou.

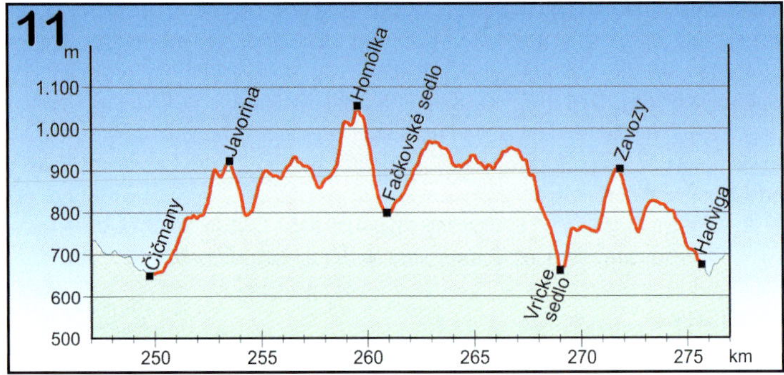

Vor Ihnen liegt einer unserer Lieblingsabschnitte des E8. Der Weg führt über Wiesen voller Schmetterlinge und Heupferdchen. Am Himmel kreisen Adler und von Mai bis Juli kann man auch manchmal tagsüber die Balzrufe des Wachtelkönigs hören. Sie kommen durch dichtgewachsene junge Wälder, wo es ab und zu ratsam ist, mit Klatschen auf sich aufmerksam zu machen, damit man keine Bären überrascht. Sollten Sie wie wir mit Hund wandern, achten Sie bitte bei besonders unübersichtlichen Stellen darauf, dass Sie Ihren Hund unter Kontrolle haben.

Der Weg führt bis zum Fuße des Berges Homôlka, über den sie hinüber müssen, was bei ⇧ 1.073 m und satten Steigungen ganz schön ermüden kann. Dafür gibt es auf der anderen Seite, auf dem Sattel Fačkovské, einige Berghütten, wo Sie gut einkehren können.

Fačkovské sedlo 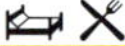

Salaš Kľak, Fačkovské sedlo 146, 97215 Kľačno, 09 18/39 79 49, www.skiarena-fackovskesedlo.sk, Mo-Fr 9:00-20:00, Sa-So 9:00-21:00

Berghotel Horský hotel KĽAK, Fačkovské sedlo, 97215 Kľačno, 09 18/39 79 49, www.skiarena-fackovskesedlo.sk, info@klakpd.sk, Ü € 16

Ohne nennenswerte Steigungen laufen Sie nun rund 2 Std. 30 Min. bis zum Sattel Vričanské. Auf den ersten Kilometern finden Sie mehrere Möglichkeiten, Wasser abzufüllen, wenn Sie es auf dem Sattel Fačkovské noch nicht gemacht haben sollten.

Zwischen dem Sattel Vričanské und Vyšehradske liegen mehrere Wiesen, die sich zum Übernachten gut eignen. Geeignete Wiesen finden Sie insbesondere um den verlassen aussehenden Weiler Hadviga, der den Endpunkt der heutigen Etappe bildet.

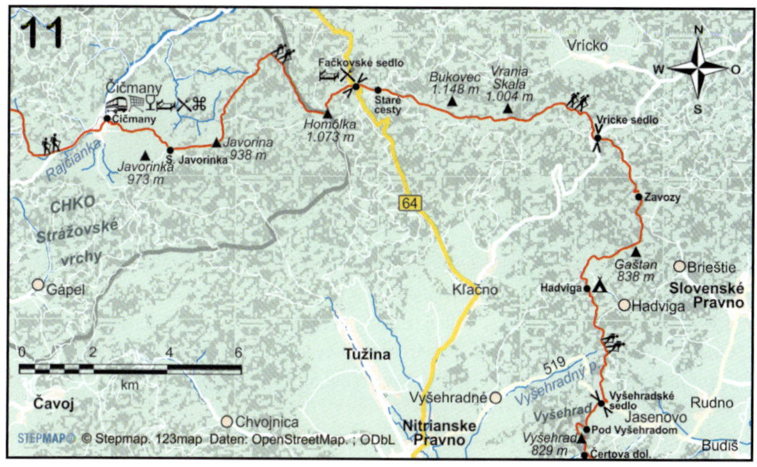

12. Etappe: Hadviga - Bralová skala

26,2 km, 7 Std. 40 Min., ↑ 1.062 m, ↓ 917 m, ⇧ 650-830 m

0,0 km	⇧ 650 m	Hadviga
4,0 km	⇧ 579 m	Vyšehradské sedlo
4,9 km	⇧ 710 m	Pod Vyšehradom
5,7 km	⇧ 830 m	Vyšehrad
6,3 km	⇧ 690 m	Čertova dol.
7,4 km	⇧ 670 m	Žiare
9,1 km	⇧ 630 m	Pod stĺpom
12,2 km	⇧ 710 m	Štyri chotáre
17,5 km	⇧ 762 m	Chrenovské lazy
24,3 km	⇧ 690 m	Sklenianske lúky
26,2 km	⇧ 820 m	Bralová skala

Sie besteigen den Felssporn Vyšehrad, auf dem schon in der Bronzezeit Menschen siedelten. Danach wandern Sie für die nächsten 4 Std. 30 Min. über kaum frequentierte Waldwege durch Buchen- und Fichtenwälder. Sie überqueren langgestreckte Schafsweiden und erreichen den Aussichtpunt Bralová skala. Von hier aus steigen Sie entweder ab zu dem Berghotel Remata oder Sie suchen sich einen Lagerplatz auf den Wiesen rings des Berges.

Nach 30 Min. erreichen Sie langgestreckte Bergwiesen auf dem Sattel Vyšehradské. Die Markierungen sind nicht deutlich zu erkennen. Sie gehen am besten auf den Funkturm zu, der weithin sichtbar ist. Sie überqueren dann neben dem Funkturm die Landstraße 519 und steigen hangaufwärts.

Sie kommen an verlassenen Wirtschaftsgebäuden vorbei und folgen vor allem Markierungen, die auf Eisenstangen eines ehemaligen Zaunes angebracht sind. Bei dem Wegpunkt Pod Vyšehradom befinden Sie sich an der Grenze des Naturschutzreservates Vyšehrad, an dem Sie rechts abbiegen, um in einem westlichen Bogen den Berg zu erklimmen.

Vom 830 m hohen Gipfel mit weißen Dolomitfelsen haben Sie eine weiten Ausblick: im Westen auf das Nitrianske Pravno und im Osten auf das Dorf Jasenovo. Wie immer fehlt das obligatorische Gipfelbuch und Gipfelkreuz nicht. Obwohl verboten, lagern hier immer wieder Wanderer. Bei Gewitter sollten Sie den Gipfel wegen möglichen Blitzschlags meiden.

Auf dem Berg haben Archäologen Überreste einer Siedlung gefunden, die in der Bronzezeit gegründet wurde. Daraus entstand zu Zeiten des Großmährischen Reiches eine Gipfelburg, die die Wirtschaftswege zwischen Nitra und Orava überwachte. Mit Niedergang des Großmährischen Reiches im 10. Jahrhundert verlor die Burg an Bedeutung und schon im 13. Jahrhundert wurde sie in Urkunden nur noch als Ruine aufgeführt. Heute sind die ehemaligen Befestigungsringe nur noch zu erahnen.

Beim Abstieg besteht Sturzgefahr durch loses Geröll und Abbruchgestein. Nach einigen Dutzend Metern wird der Weg wieder besser und führt durch einen natürlich gewachsenen Birken- und Lärchenwald, der auch die Grenze des Naturschutzreservates bildet.

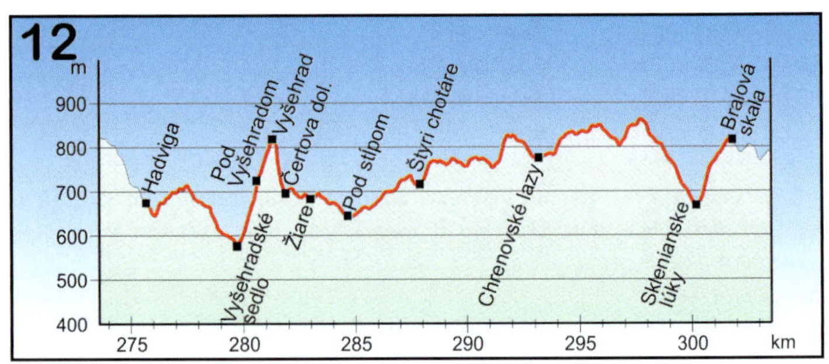

Daran schließt sich eine kräuterreiche Bergwiese an, auf der Sie den gut ausgetretenen Wanderweg erkennen können. Ansonsten halten Sie Ausschau auf den gegenüberliegenden Waldrand, da steht eine Fichte mit der bekannten Markierung.

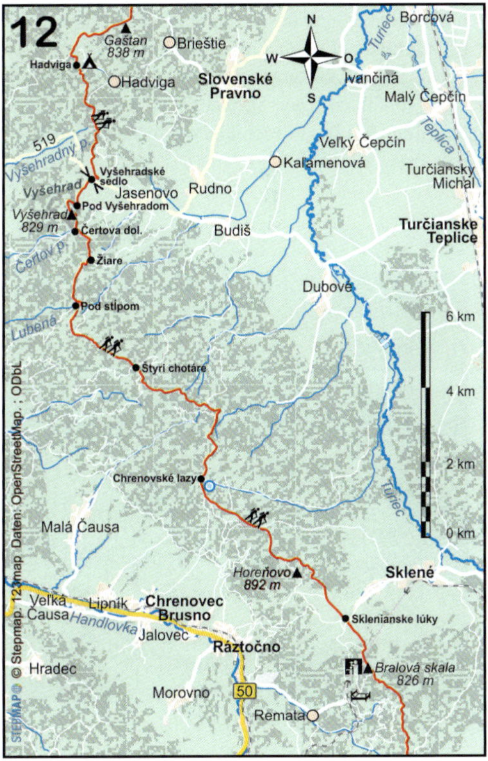

Vom Gipfel bis zum Wegpunkt Žiare steigen Sie rund 200 m ab. Von da an wandern Sie im Großen und Ganzen auf der gleichen Höhe 10 km über Waldwege, wobei Sie an einigen Holzverladeplätzen vorbeikommen.

Bei dem Wegpunkt Štyri chotáre befindet sich ein Forsthaus mit Bänken, die Wanderer vermutlich für eine Rast benutzen dürfen. Auf der Wiese Chrenovské lazy befindet sich ein eingezäuntes Jagdhaus, unterhalb davon befindet sich eine Quelle, die jedoch nicht besonders schnellfließend ist.

Die erste Weggabelung ist unübersichtlich, da die Markierung überharzt sind und dadurch wenig sichtbar. Nehmen Sie die linke Abzweigung und gehen Sie bergauf! Nach einer Weile passieren Sie eine Ansammlung von Wochenendhäuschen, die vor allem von Bewohnern aus Prievidza genutzt werden. Der Weg ist hier stark von Geländewagen zerfahren.

Sie kommen auf eine Lichtung, wo der Weg sich aufgabelt. ☞ Durch die Waldarbeiten wurden einige Bäume gefällt, auf denen sich Markierungen befanden. Nehmen Sie die linke Abzweigung, die an dem Hang entlanggeht und nicht den Weg, der steil bergauf führt! Sie sind richtig, wenn Sie nach einigen Hundert

Metern an einem mit Blumen geschmückten, hölzernen Kruzifix vorbeikommen. Danach geht es bergab auf die Wiesen des Dorfes Sklené, die traditionell von Schafen beweidet werden. Im Frühling hören Sie hier die wunderschönen Balzgesänge der Feldlerche. So ein typischer Singflug kann bis zu 20 Minuten dauern und ist immer eine Rast wert. Höhlenfans können zum Dorf Sklené absteigen, wo es laut Infotafel einen Zugang zu einer Kalksteinhöhle gibt.

Im Westen bieten sich wieder tolle Ausblicke auf Felsengruppen der Veľká Fatra. Im Süden sehen Sie einen Funkturm am Horizont, darauf können Sie zuhalten, wenn Sie die Wiesen überqueren und den Trampelpfad nicht erkennen können.

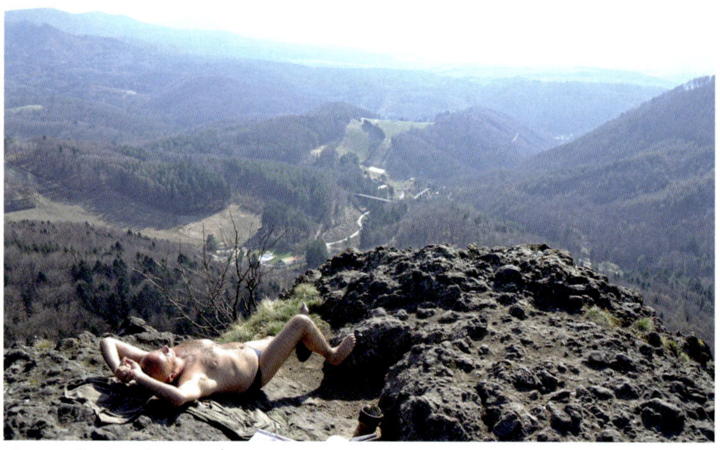

Sonnenbad auf Bralová skala

Oben auf dem 820 m hohen Felsen von Bralová haben Sie überraschend weite Aussichten auf das Tal von Remata und die Stadt Handlová. Dahinter liegt der Kamm des slowakischen Vogelgebirges (Vtáčnik) und direkt unterhalb des Gipfels befindet sich ein Viadukt der slowakischen Eisenbahn. Davor finden Sie das Berghotel Remata, zu dem Sie auf dem gelben Wanderweg absteigen können, oder Sie lagern auf den Wiesen unterhalb des Gipfels.

Berghotel Horský hotel Remata, 97231 Ráztočno, ☏ 046/547 02 26, 09 15/75 38 71, www.hotel-remata.sk, hotel-remata@mvstaving.sk, Ü € 12-30, ✕,

13. Etappe: Bralová skala - Skalka

20,6 km, 5 Std. 45 Min., ↑ 830 m, ↓ 485 m, ⇧ 650-830 m

0,0 km	⇧ 820 m	Bralová skala
5,0 km	⇧ 910 m	Sedlo pod Vysokou
9,4 km	⇧ 775 m	Kunešov
12,7 km	⇧ 780 m	Kremnické Bane
16,3 km	⇧ 920 m	Krahule
20,6 km	⇧ 1.165 m	Skalka

Der Wanderweg führt Sie über einen kräftezehrenden Kamm mit dem bildlichen Namen „Ziegenrücken" bis zu dem Sattel Sedlo pod Vysokou, von dem es bergab geht. Sie überqueren weitgestreckte Kuh- und Schafsweiden, wo es statt Markierungen nur Wegweiser mit groben Richtungen gibt. Schließlich erreichen Sie das Dorf Kuneschau, in dem bis heute eine deutsche Minderheit lebt. Sie passieren die geografische Mitte Europas und steigen am Dorfeingang von Blaufuß bis zu dem touristischen Zentrum Skalka auf 1.165 m auf.

Von Bralová skala überqueren Sie eine Wiese, laufen durch einen Buchenwald und steigen dann auf den Kamm namens „Ziegenrücken" auf. Der Kamm führt Sie

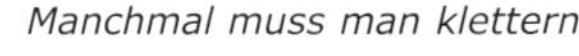

Manchmal muss man klettern

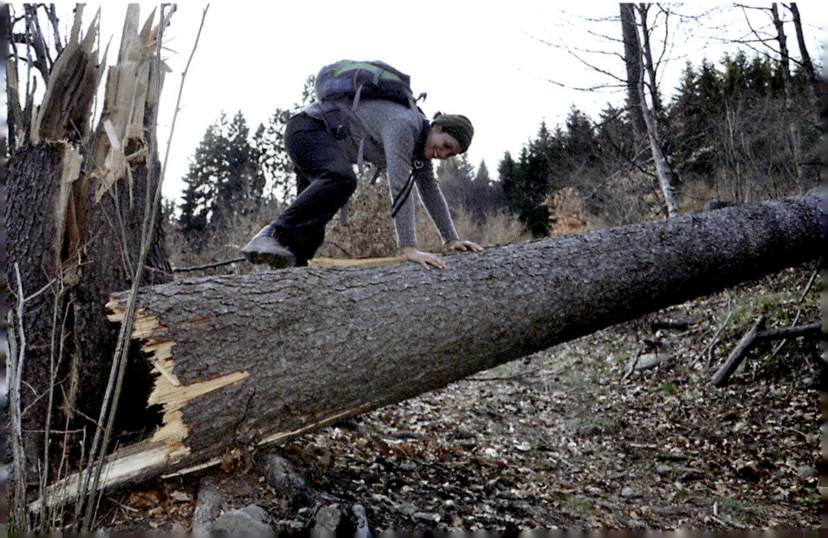

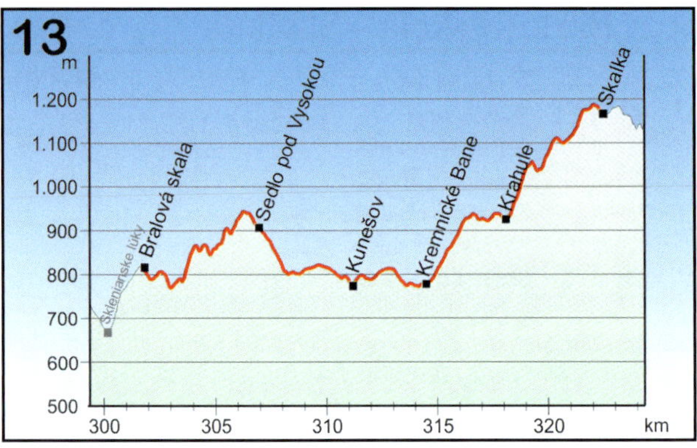

in kräftezehrendem Auf und Ab über drei Erhebungen mit Aussichten auf das Städtchen Handlová. Sie passieren dabei eine Vielzahl von alten und knorrigen Buchen und Ahornen, die glücklicherweise in den letzten Jahrzehnten von Motorsägen verschont geblieben sin.

Mit Vysoká erreichen Sie auf 934 m den höchsten Punkt Ihrer heutigen Wanderung. Von da an gehen Sie hinab bis zum Sattel Pod Vysokou, einige Dutzend Meter unterhalb befindet sich ein Schutzdach mit Bänken, die zur Rast einladen. Sie laufen wieder einige Dutzend Meter die asphaltierte Forststraße hinunter und dürfen nicht die Abzweigung nach rechts den Abhang über eine Rodung hinunter verpassen. Aufgrund der Waldarbeiten fehlen für 100 m Markierungen. Weiter unten verwandelt sich der Weg in ein kleines Bächlein, das Sie links überqueren. Sie kommen an einem Heuschober vorbei und landen schließlich bei unserem Lieblingswegweiser, auf dem steht:

„Gehen Sie ungefähr einen Kilometer geradeaus!“

Sie befinden sich auf den weitgestreckten Weiden des Dorfes Kunešov, das allerdings noch nicht sichtbar ist. Nach 1 Kilometer, wenn Sie die Richtung gut getroffen haben, werden Sie den nächsten Wegweiser mit gleicher Aufschrift finden. Halten Sie auch nach den gelben Stangen mit der roten Markierung Ausschau. Schließlich landen Sie an einer Bachbrücke, die Sie überqueren, um dann linker Hand das Dorf Kunešov zu erreichen.

Kunešov (Kuneschhau) wurde im 14. Jh. von deutschen Bergleuten gegründet. 1628 mussten die Bewohner vor den anrückenden Türken flüchten. Anfang des

19. Jh. lebten 1.550 Bewohner in Kunešov, die Mehrheit davon Deutsche. Die Bewohner von Kunešov gerieten auch in die Wirren des 2. Weltkrieges, so wurden 63 deutsche Männer des Dorfes am 27.10.1944 von Partisanen in der Niederen Tatra erschossen. Am 2.4.1945 brannten Einheiten der Wehrmacht und der SS 158 Häuser und Wirtschaftsgebäude ab.

Da deutsche Dorfbewohner während des Krieges eine antifaschistische Widerstandsgruppe gegründet hatten, wurden die Deutschen in Kunešov nach dem Krieg nicht vertrieben. Kunešov war zusammen mit Kremnica (dt. Kremnitz), Nitrianske Pravno (dt. Deutschproben) und Veľké Pole (dt. Hochwies) ein Teil der ehemaligen deutschen Sprachinsel Hauerland. Heute leben in Kunešov 240 Einwohner.

Im Dorf finden Sie neben dem Gedenkstein für die Gefallenen der Weltkriege eine urige Kneipe.

Potraviny COOP, Kunešov 9, Di-Fr 7:00-15:00, Sa 7:00-11:00

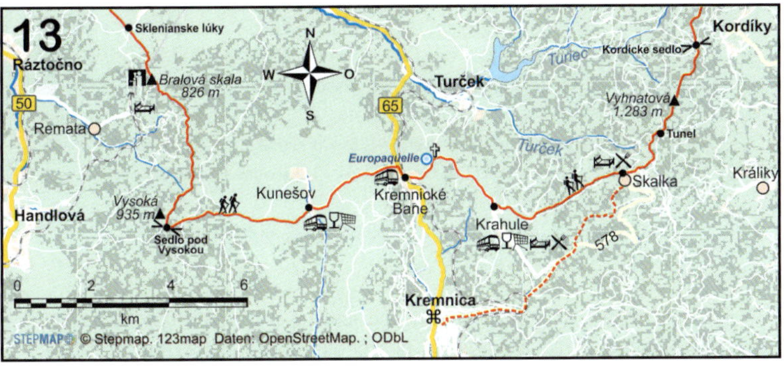

Vom Dorf führt Sie der Wanderweg die nächsten 3 km entlang der Straße nach Kremnické Bane, wo Sie rechts auf die Landstraße 65 abbiegen und dann die erste wieder links über eine Brücke bergauf. Nach 1 km erreichen Sie die geografische Mitte Europas.

Neben der gotischen Kirche des heiligen Johannes steht ein aufragender Stein, an dem sich der geografische Mittelpunkt Europas befinden soll. Allerdings gibt es - je nach Berechnung - einige weitere Mittelpunkte Europas. Kremnické Bane ist auch eine bekannte Wasserscheide. Es heißt, dass das Regenwasser von der einen Seite des Kirchendaches in den Fluss Váh fließt und von der anderen Seite in den Fluss Hron. Neben der Kirche befindet sich eine Quelle, die zum Gedenken an die Einführung des Euros in der Slowakei am 1.1.2009 als „Europaquelle" bezeichnet wird.

Die Kirche des heiligen Johannes wurde im 12. Jahrhundert von deutschen Bergbauarbeitern aus den umliegenden Dörfern errichtet. Im 15. Jahrhundert wurde sie zu einer gotischen Kirche umgebaut. Zu Beginn des 16. Jahrhunderts, in der Frührenaissance, wurde sie mit einem sehenswerten Tabernakel ausgestattet. Im 17. Jh. wurden die Franziskaner nach Kremnica gerufen, um die Bevölkerung wieder zu katholisieren. Die Kirche wurde in den 90er-Jahren umfassend rekonstruiert.

Sie folgen weiter der Dorfstraße bis Krahule (dt. Blaufuß), das im 14. Jh. von deutschen Bergleuten als Waldhufendorf angelegt wurde. Heute ist Krahule vor allem im Winter als touristisches Zentrum bekannt. Am Dorfrand befinden sich ein überdachter Rastplatz sowie der Wegweiser gen Skalka.

Krahule

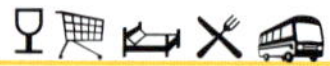

- SAMA potraviny, im Zentrum des Dorfes, 09 02/90 16 04, Mo-Di 7:00-15:00, Do-Fr 7:00-15:00, Sa 7:00-12:00, Mi, So geschlossen
- Penzión* Stred EURÓPY, 045/674 28 46, 09 08/21 73 92, www.skikrahule.sk, stredeuropy@skikrahule.sk, Ü € 25,
- ♦ Obecná turistická ubytovňa, 09 07/02 04 71, www.krahule.sk, ubytovanie@krahule.sk, Ü € 12
- ♦ Chata Konica, 09 07/02 04 71, 09 08/93 04 78, www.krahule.sk, ubytovanie@krahule.sk, Ü € 10

Für die nächsten 30 Min. steigen Sie entlang einer Skilanglaufloipe durch einen Fichtenwald bergauf. Auf 1.231 m liegt das touristische Zentrum Skalka mit Hotels, Hütte und Wellnesscenter.

Skalka

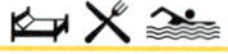

- Horský Hotel Minciar, Partizánska dolina 531/21, Skalka pri Kremnici, 045/674 39 33, 09 11/59 07 40, www.minciar.com, recepcia@minciar.com, Übernachtung im Hotelteil € 24, Übernachtung im Wanderteil € 14, , (Mo-So 8:00-20:00)
- ♦ Chata na Skalke, 09 03/50 62 28, www.chatanaskalke.sk, Ü € 10 (im Jahr 2013 feierte die Hütte 100-jähriges Bestehen)
- Relax Centrum, Partizánska cesta 3, 97401 Banská Bystrica, 045/674 28 41, www.skalka.relaxovat.sk, skalka@kremnica.sk, Mo-So 11:00-21:00

14. Etappe: Skalka - Horský Hotel Kráľova Studňa

26 km, 7 Std. 50 Min., ↑ 1.218 m, ↓ 1.118 m, ⇧ 885-1.297 m

0,0 km	⇧ 1.231 m	Skalka
1,9 km	⇧ 1.150 m	Tunel
4,8 km	⇧ 1.117 m	Kordícke sedlo
10,7 km	⇧ 1.297 m	Sedlo Flochovej
15,9 km	⇧ 885 m	Sedlo Malý Šturec
26,0 km	⇧ 1.265 m	Horský Hotel Kráľova Studňa

Sie passieren einen bereits von den Fuggern angelegten Tunnel im Wald und wandern durch luftige Buchenwälder über einen Höhenrücken, der Sie auf den Sattel Flochovej führt, auf dem alte, mit Flechten behangene Nadelbäume stehen, die wie eine Märchenwelt anmuten. Von hier aus geht es wie „Schneewittchen über die sieben Hügel" bis zu dem Sattel Malý Šturec. Dahinter erwartet Sie ein dreistündiger Marsch bis zum Berghotel Kráľova Studňa über leicht ansteigende Wirtschaftswege.

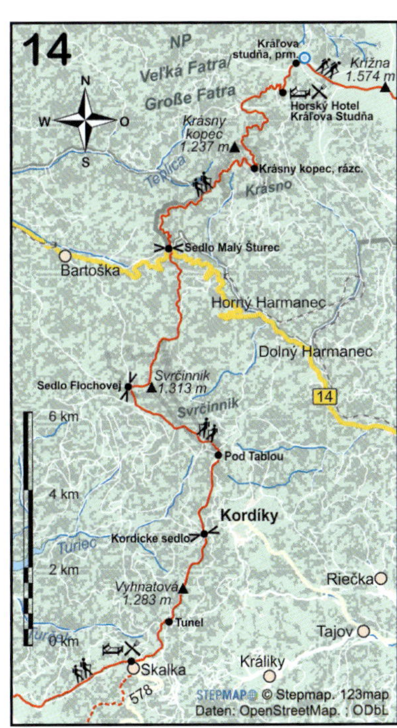

Von Skalka führt der gelbe Wanderweg zu der Stadt Kremnica, die Sie nach 2 Std. 30 Min. erreichen. Ein Besuch ist lohnenswert.

Kremnica (Kremnitz) ist neben Banská Bystrica und Banská Štiavnica die wichtigste Bergbaustadt in der Slowakei. Die Legende erzählt, dass die Herren der naheliegenden Burg Šášov auf dem heutigen Stadtgebiet bei einer Jagd ein Rebhuhn gefangen haben, das ein Körnchen Gold im Schnabel hatte. Danach begann eine lange Geschichte des Bergbaus in dieser „Goldstadt". Kremnica ist außerdem für die Münzprägung bekannt. Die Münzanstalt in Kremnica ist eines der ältesten Unternehmen in der Welt.

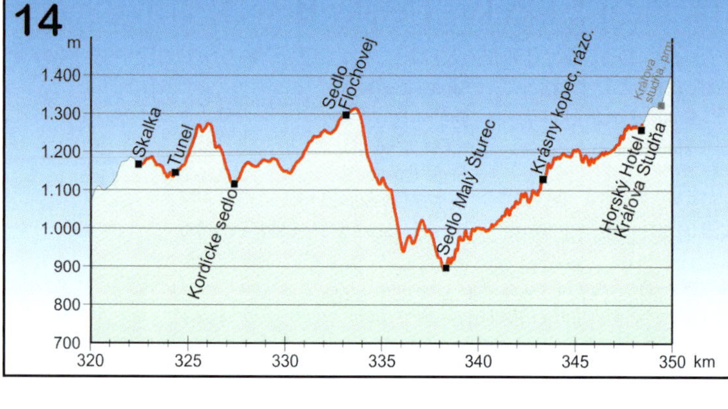

Ihre Geschichte begann im Jahr 1328, als der ungarische König Karl Robert Anjou der Ortschaft das Privileg einer freien Königsstadt erteilte. Die Stadt durfte damit auch eine Münzprägestätte betreiben. Die Goldmünzen entstanden hier nach dem Vorbild der Münzen aus Florenz und wurden deshalb zuerst „Florene" genannt. Ab dem 14 Jh. begann man, die Münzen „Dukaten" zu nennen. Kremnicer Dukaten zeichneten sich durch einen hohen und stabilen Feingehalt an Gold aus. Sie galten im Mittelalter als härteste Währung im mitteleuropäischen Raum. Das historische Zentrum von Kremnica bildet zusammen mit der Stadtburg einen sehenswerten mittelalterlichen Stadtkern.

⌘ Münzenmuseum - Múzeum Mincí a Medailí, Štefánikovo nám. 11/21, 96701 Kremnica, ☏ 045/678 03 01, 💻 www.muzeumkremnica.sk, ✉ muzeum@nbs.sk, 🚪 Di-So 8:30-13:00, 14:00-16:30

Von Skalka aus folgen Sie weiterhin den roten Markierungen, um auf dem Weg der Helden zu bleiben. Sie durchqueren das Skizentrum, kommen an Hütten und Hotels vorbei und biegen vor dem Wellnesszentrum links ab. Zusammen mit dem gelben Wanderweg führt Sie der E8 bis zum Sedlo Tunel.

Im 14. Jh. wurde von den Fuggern an dieser Stelle ein Tunnel angelegt, der die kürzeste Verbindung zwischen den Bergbaustädten Banska Bystrica und Kremnica bildete. Während der Aufstände von Franz II. Rákóczi nutzte der Habsburger General Schlik den Tunnel am 20. November 1703. Am 28. Juli 1764, im Jahr seine Krönung als römisch-deutscher Kaiser, reiste Joseph II. mit seinem Gefolge durch den Tunnel. Am 24. Januar 1849 durchquerte General Ludwig

Aulich unter dem Kommando von Arthur Görgey infolge der Kämpfe der Märzrevolutionen von 1848 ebenfalls den Tunnel. Während des Slowakischen Nationalaufstandes wurde in der Nacht vom 4. auf den 5. Oktober 1944 der Goldschatz der Staatlichen Münzanstalt Kremnica durch den Tunnel nach Banská Bystrica evakuiert. 1996 wurde der Tunnel, der seit 1955 verschüttet war, restauriert. Aktuell ist er wieder verschüttet und nicht passierbar.

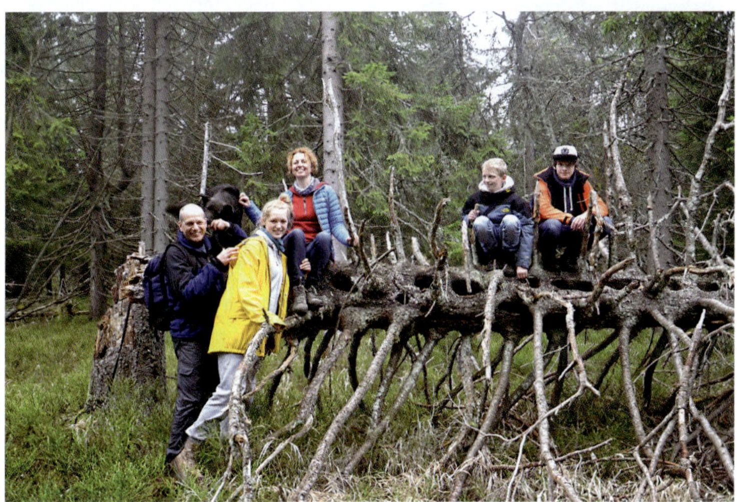

Baumpersönlichkeiten unterwegs

Von hier aus verläuft der Wanderweg über laubreiche Waldpfade über den Berg Vyhnatová (1.283 m) bis zu dem Wegpunkt Kordícke sedlo, von dem der gelbe Wanderweg abzweigt. Bei der ersten Weggabelung können Sie beide Wege wählen. Wir empfehlen den oberen Weg, da Sie hier an der Felskante entlangwandern und die Aussicht auf die bunten Wiesen des Dorfes Kordíky genießen können.

Bei dem Wegpunkt Pod Tablou erreichen Sie das Naturreservat Svrčinnik, in dem - vor allem an den nördlichen Hängen und Gipfeln - ursprüngliche Nadelwälder wachsen. Auf dem Sattel Flochovej erwartet Sie eine Märchenwelt aus Totholz, Wurzeltellern, Heidelbeeren und mit langen Bartflechten behangenen, knorrigen Bäumen.

Der Abstieg vom Sattel ist steil und bei Regen rutschig. Danach wandern Sie über mehrere Bergkuppen in einem schweißtreibenden Auf und Ab bis zum

Sattel Malý Šturec. Seien Sie vorsichtig bei der Überquerung der Landstraße 14 - die Autos fahren hier mit hoher Geschwindigkeit durch die Serpentinen. Hier befindet sich auch der Anfang des Nationalparks Veľká Fatra (Große Fatra). Für die nächsten 3 Std. laufen Sie über einen leicht zu gehenden Weg, nur unterbrochen durch einen 20-minütigen Aufstieg. Eine Kurve folgt der anderen und bietet Ausblicke in die waldreichen Täler der Veľká Fatra. Nach 2.300 Hm und 26 km erreichen Sie das frisch renovierte Berghotel Kráľova Studňa.

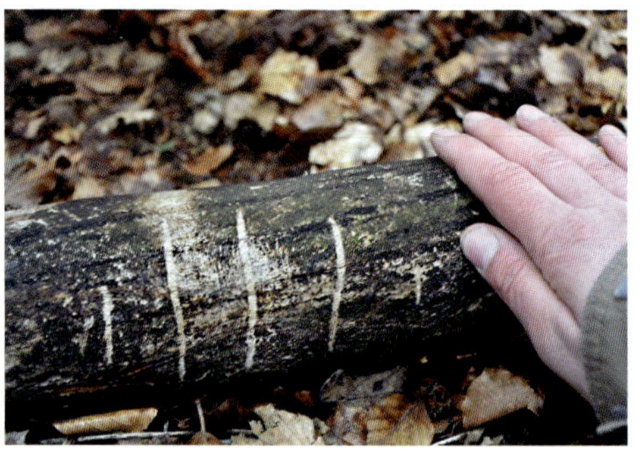

Bärenkratzspur

Horský hotel Kráľova studňa, Národný park Veľká Fatra, 97603 Harmanec, 09 11/82 70 79, 09 03/82 70 79, www.kralovastudna.com, rezervacie@kralovastudna.com, Ü im Hotelteil € 28, Ü im Teil für Wanderer € 15,50, Zelten auf dem Hotelzeltplatz € 4,

15. Etappe: Horský Hotel Kráľova Studňa - Donovaly

20 km, 7 Std., ↑ 1.164 m, ↓ 1.449 m, ⇧ 980-1.574 m

0,0 km	⇧ 1.265 m	Horský Hotel Kráľova Studňa
1,1 km	⇧ 1.330 m	Kráľova studňa, prm.
4,1 km	⇧ 1.574 m	Krížna
5,2 km	⇧ 1.335 m	Rybovské sedlo
9,9 km	⇧ 920 m	Východné Prašnické sedlo
12,5 km	⇧ 1.003 m	Sedlo Veľký šturec
17,6 km	⇧ 1.403 m	Zvolen
20,0 km	⇧ 980 m	Donovaly

Vor Ihnen liegt, wie wir finden, eine der anstrengendsten Etappen des gesamten Wanderwegs. Zunächst wandern Sie über einen Bergrücken mit bunten Kräuterwiesen, um dann in den Buchenwald abzusteigen. Bis zu dem Sattel Veľký šturec müssen Sie ein „dreckiges Dutzend" an steilen Bergkuppen überwinden, was viel Kraft kostet. Schließlich steigen Sie auf den Gipfel Zvolen auf, der Sie mit tollen Ausblicken in die umliegenden Gebirge versöhnt. Von hier aus steigen Sie steil bis Donovaly ab oder nutzen die Seilbahn.

1 km hinter dem Berghotel liegt die Königliche Quelle (Kráľova Studňa), die folgende Geschichte hat:

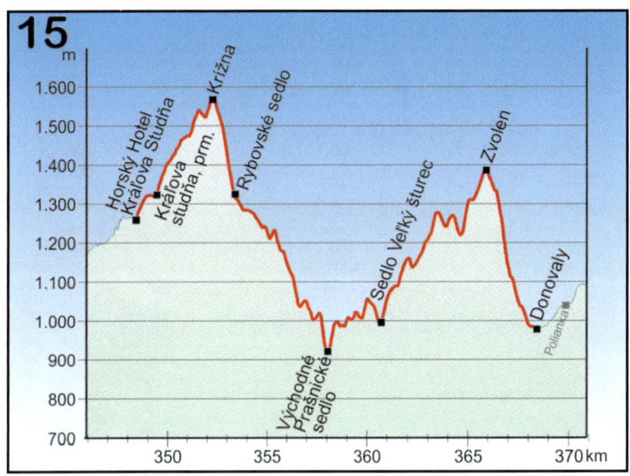

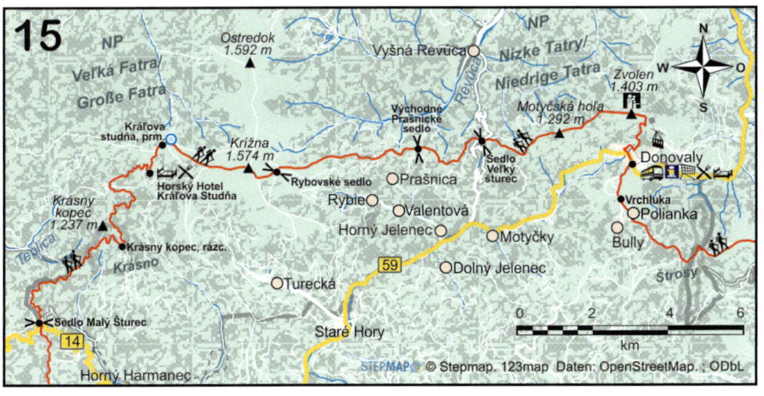

Der ungarische König Matej Korvín kam auf einer seiner Jagden bis auf den Kamm von Veľká Fatra. Auf der Wiese traf er dort einen Hirten mit seiner Schafherde. Der Hirte beschwerte sich bei ihm, dass ein Bär seine Schafe reißen würde. König Matej Korvín erwiderte darauf lächelnd, dass er gerade das „schwarze Ungeheuer" gefangen habe und dass der Schäfer jetzt ruhig schlafen könne. Darauf lud der einfache Schäfer den König zum Essen ein. Er grub eine Grube, wo es nicht windig war, und briet dort ein Lamm, das der König aß. Danach bekam er Durst und so grub der Hirte noch tiefer, bis Wasser sprudelte. Seitdem nennt man die Quelle die Königliche Quelle.

Wanderin auf dem Kamm in Veľká Fatra

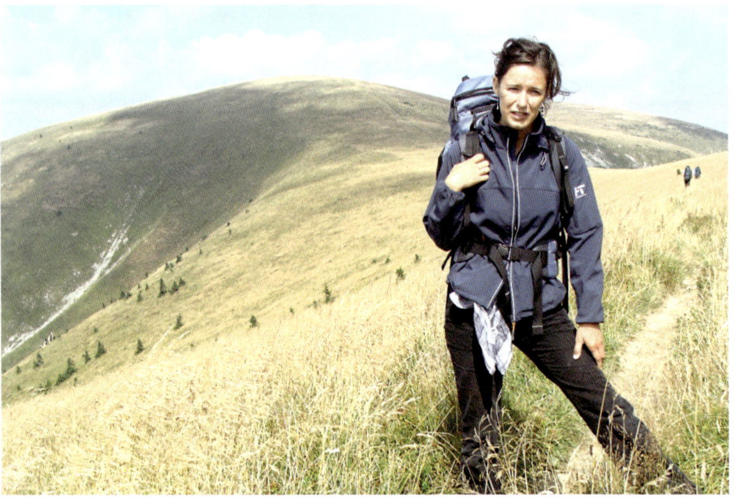

In dem Nationalpark Veľká Fatra liegen um die 2.000 ha Bergwiesen und -weiden, die vom 15.-17. Jh. durch die Besiedelung der Walachen entstanden. Durch die jahrhundertealte Beweidung durch Schafe und Kühe wachsen hier seltene, teilweise endemische Pflanzen wie Karpaten-Soldanelle (*Soldanella carpatica*), Slawische Kuhschelle (Pulsatilla slavica) oder Enziane, Edelweiße oder Primeln. Mit einigem Glück können Sie den hier vorkommenden Steinadler in der Thermik kreisen sehen oder an Hängen Bären beim Grasen beobachten. Sollten Sie einen Luchs oder Wolf sichten, die ebenfalls in der Veľká Fatra zu Hause sind, dann können Sie sich wahrlich vom Schicksal beschenkt fühlen.

Über den grasbewachsenen Höhenrücken steigen Sie bis zum Krížna auf 1.574 m auf, auf dem sich auch eine Radarstation der slowakischen Armee befindet. Hier kreuzt der E8 den ebenfalls rot markierten Wanderweg „Magistrale", der die Veľká Fatra von Süd nach Nord durchquert.

Von hier geht es steil bergab bis zum Sattel Rybovské, um vor den Prašnické sedlo wieder in den Buchenwald einzutauchen. Vor Ihnen liegen ein gefühltes „dreckiges Dutzend" an steilen Bergkuppen, die es zu überwinden gilt. Anstrengend wie ein Zirkeltraining und bei Nässe besteht Sturzgefahr!

Beim Sattel Veľký Šturec haben Sie das Gröbste geschafft und gleichzeitig den Nationalpark Nízke Tatry (Niedrige Tatra) erreicht, in dem sich der 95 km lange Hauptkamm befindet, über den der Weg der Helden die nächsten Etappen führen wird.

Bei Motyčská hoľa sichten Sie zum ersten Mal Donovaly, das Ziel der heutigen Etappe. Sie steigen über den Sattel Prípor auf den Gipfel Zvolen auf. Der Weg führt über Wiesen, die vereinzelt mit Fichten und Wacholder bestanden sind. Vom Gipfel aus sehen Sie die Seilbahn, die hinunter ins Dorf führt, die westlichen Täler der Veľká Fatra und den Hauptkamm der Niederen Tatra.

Folgen Sie der Markierung und steigen Sie gen Süden ab. Sie erreichen den westlichen Dorfrand von Donovaly und kommen schließlich in der Mitte des Dorfes an der Touristeninformation an. Daneben steht das slowakeiweit bekannte Denkmal für Dino.

Dank dem Alaskan Malamut Dino, so erzählt man sich in Donovaly, wurden hier die ersten Hundeschlittenrennen veranstaltet, an denen mittlerweile Teams aus ganz Europa teilnehmen. Dino wurde 1996 auf dem Wettbewerb-Areal begraben. Die rund 100 kg schwere Bronzestatue gilt als das einzige Denkmal in Europa, das zu Ehren eines nordischen Hundes errichtet wurde.

Donovaly

Touristeninformation Infocentrum Donovaly gegenüber der Kirche, ☏ 048/419 99 00, info@infodonovaly.sk, Mo-Fr 9:00-12:30, 13:00-15:30

Lebensmittelladen neben dem Zentralparkplatz, Mo-Fr 8:00-16:30, Sa 8:00-15:00

Koliba Goral, Centrálne parkovisko, 97639 Donovaly, 09 15/82 29 19, www.maguradonovaly.sk, koliba@parksnow.sk, Mo-So 11:00-19:00 (Freitags zwischen 18:00 und 22:00 spielt dort eine Folkloregruppe u.a. mit dem traditionellen Musikinstrument Fiumara.)

Wellness hotel Port***, Donovaly 15, 97639 Donovaly, ☏ 048/429 90 20, 09 01/70 57 94, www.hotelsport.sk, recepcia@hotelsport.sk, Ü € 34 (Preis inkl. Frühstück und Eintritt zum Swimmingpool), ✕,

Streiks Smrekovec Donovaly, 97639 Donovaly, ☏ 048/419 98 60-2, recepcia@smrekovec.sk, www.smrekovec.sk, DZ € 58, EZ € 36, ✕,

- Penzión „U Marsa", Donovaly 401, 97639 Donovaly, ☏ 048/419 98 89, 09 05/70 94 77, www.penzionumarsa.sk, penzionumarsa.donovaly@gmail.com, Ü € 18, ✕,
- Chata pod Magurou, Donovaly 130, 976 39 Donovaly, ☏ 048/ 419 97 52, 09 15/86 97 98, 09 08/96 99 62, magura@parksnow.sk, www.maguradonovaly.sk, Ü € 10, ✕,

16. Etappe: Donovaly - Ďurková útulňa

27,9 km, 9 Std., ↑ 1.743 m, ↓ 1.103 m, ⇧ 980-1.753 m

0,0 km	⇧ 980 m	Donovaly
7,4 km	⇧ 1.140 m	Sedlo Hadlanka
9,6 km	⇧ 1.102 m	Hiadeľské sedlo
14,9 km	⇧ 1.753 m	Veľká Chochuľa
16,3 km	⇧ 1.685 m	Košarisko
19,3 km	⇧ 1.476 m	Sedlo pod Skalkou
23,4 km	⇧ 1.558 m	Sedlo Latiborskej hole
24,8 km	⇧ 1.591 m	Sedlo Zámostskej hole
27,5 km	⇧ 1.709 m	Sedlo Ďurkovej
27,9 km	⇧ 1.620 m	Ďurková útulňa

Sie entern die Niedere Tatra und steigen auf den 1.753 m hohen Veľká Chochuľa auf, wo Sie unterwegs möglicherweise das Pfeifen der dort lebenden Murmeltiere hören. Durch Latschenkiefern erreichen Sie den Kamm, auf dem Sie mehrere Kilometer wandern, um dann bis zur Hütte Ďurková abzusteigen.

In Donovaly biegen Sie rechts hinter der Holzbrücke ab und überqueren die Landstraße 59 / E77. Sie kommen an einer Reihe von Hotels vorbei. Auf der Wiese linker Hand befindet sich im Winter der Einlauf für die Hundeschlitten. Bei der ersten Gabelung nehmen Sie den linken Abzweig und erreichen das Dorf Polianka.

1944 wurde in Donovaly ein revolutionäres Komitee gegründet, dass die Partisanen, die sich in der Niederen Tatra versteck hielten, mit Waffen und Lebensmittel versorgte. Außerdem unterhielten sie einen freien Radiosender. Zwischen Ende 1944 und Anfang 1945 überfielen faschistische Truppen mehrmals Donovaly und Polianka sowie weitere Dörfer in der Umgebung, wobei 30 Personen getötet wurden.

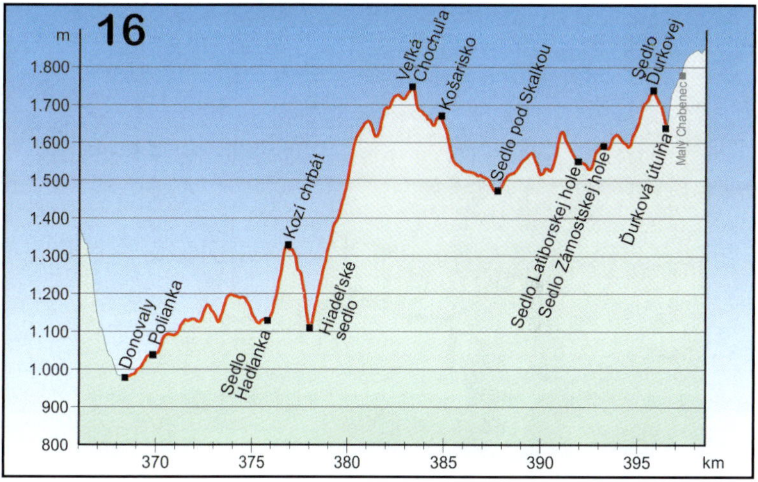

16

m
1.800
1.700
1.600
1.500
1.400
1.300
1.200
1.100
1.000
900
800

Donovaly
Polianka
Sedlo Hadlanka
Kozí chrbát
Hiadeľské sedlo
Veľká Chochuľa
Košarisko
Sedlo pod Skalkou
Sedlo Latiborskej hole
Sedlo Zámostskej hole
Ďurková útulňa
Sedlo Ďurkovej
Malý Chabenec

370 375 380 385 390 395 km

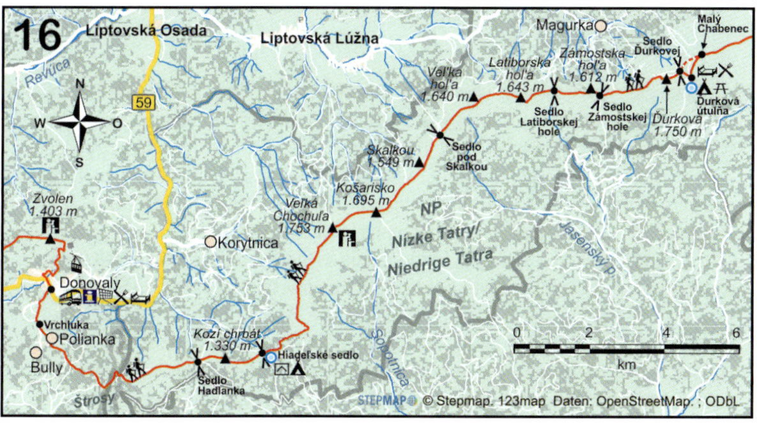

In Polianka biegen Sie links in den Wald ab und laufen für einige Kilometer über zerfurchte Wirtschaftswege, die bei Regen sehr schlammig sein können. Einige Markierungen fehlen, weil Bäume gefällt wurden. Sie steigen bergan, durchqueren das Naturreservat Štrosy und erreichen eine Wiese vor einem steilen Aufstieg. Wenn Sie hier 100 m rechts gehen, sehen Sie eine kleine Hütte, eine sogenannten „Schovanka“, in der es einige Betten, einen Ofen und einen Tisch gibt.

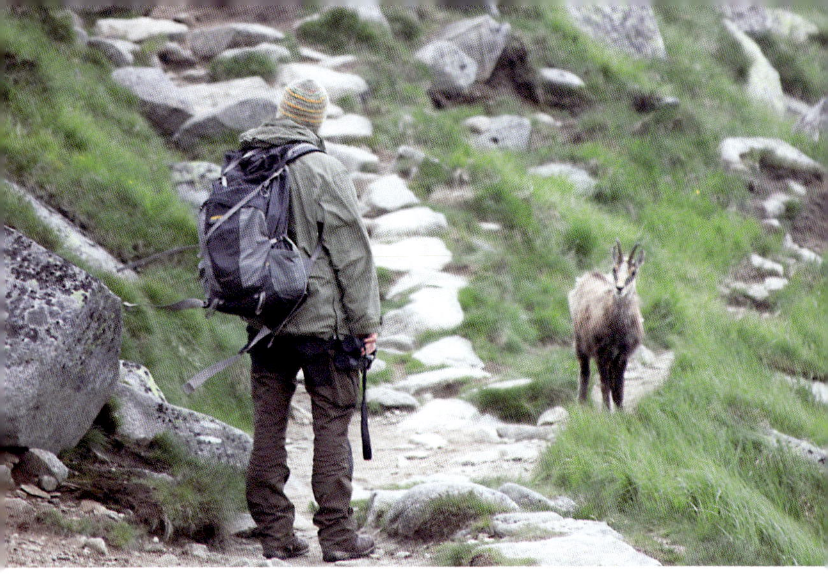

Gams trifft auf den Autor

Abgeleitet vom slowakischen Verb für verstecken „schovať" bedeutet „Schovanka" die „Versteckte". Schovankas sind Hütten, die für alle Wanderer offen und kostenlos sind. In der Regel sind sie in keinen offiziellen Karten verzeichnet und werden von den Behörden bis heute toleriert. Viele dieser Hütten wurden in kommunistischen Zeiten von den sogenannten „Tramps" angelegt. Die Trampbewegung war ein gesellschaftliches Phänomen in der sozialistischen Tschechoslowakei. Tramps lebten gerne draußen, sangen ihre eigenen Lieder am Lagerfeuer und empfanden die offiziellen Pfadfinder- und Pionierverbände als zu eng.

Von hier aus steigen Sie auf den „Ziegenrücken" (Kozí chrbát) auf. Auf den Wiesen auf dem Bergrücken werden bei gutem Wetter Schafe gehalten. Zum Sattel Hiadeľské steigen Sie steil ab. Auf dem Sattel befinden sich eine Schutzhütte und eine Wasserquelle. Hier dürfen Sie im Nationalpark Niedere Tatra offiziell zelten. Achten Sie bitte darauf, dass nirgendwo Lebensmittel oder Abfälle herumliegen, da diese Bären anlocken könnten.

Nun steigen Sie steil über steinige Pfade bergauf und erreichen die Latschenkieferzone. Veľká Chochuľa ist mit 1.753 m der höchste Punkt dieser Etappe. Bei sonnigem und windstillem Wetter ist der Bergrücken der Niederen

Tatra das touristischen „Filetstück" des gesamten Weges. Bei schlechtem Wetter sollten Sie Vorsicht walten lassen. Schnell erreichen hier Böen Geschwindigkeiten von 80 km/h und mehr. Auf unserer ersten Recherchewanderung hat es hier Anfang August geschneit.

Für die nächsten 12 km bleiben Sie auf dem Kamm. Gelegentlich ist der Pfad von Latschenkiefern zugewuchert, ansonsten können Sie in herrlichen Aussichten schwelgen. Bei den Wegpunkten Košarisko, Sedlo pod Skalkou, Sedlo Latiborskej hole und Sedlo Zámostskej hole kreuzen Wanderwege, die Sie in Notlagen aus dem Gebirge in Dörfer führen.

Verpassen Sie auf dem Sattel Ďurkovej nicht den grünen Wanderweg, der Sie in 15 Min. bergabwärts zu der Berghütte **Ďurková útulňa** bringt.

🛏 Ďurková útulňa, 📱 09 49/79 29 97, 09 44/16 58 53, 💻 www.durkova.sk, Ü € 5, 🐕

17. Etappe: Ďurková útulňa - Čertovica motorest

➲ 26,3 km, ⌛ 8 Std. 30 Min., ↑ 1.235 m, ↓ 1.617 m, ⇧ 1.238-1.910 m

0,0 km	⇧ 1.620 m	Ďurková útulňa 🛏 ⛺ 🛆 💧
0,8 km	⇧ 1.780 m	Malý Chabenec
2,7 km	⇧ 1.955 m	Chabenec
5,9 km	⇧ 1.780 m	Krížske sedlo
7,0 km	⇧ 1.885 m	Poľana
12,3 km	⇧ 1.995 m	Chopok, rázc.
15,7 km	⇧ 1.910 m	Krúpovo sedlo
18,0 km	⇧ 1.730 m	Chata generala M. R. Štefánika 🛏 🍴
20,0 km	⇧ 1.710 m	Králička
26,3 km	⇧ 1.238 m	Čertovica motorest 🛏 🍴 🚌

Sie wandern über Gerröllfelder und auf Bergpfaden, die mit Steinplatten angelegt wurden. Über Ihnen der Himmel, vor Ihnen der Kamm so weit das Auge reicht. Im Norden und Süden herrliche Aussichten auf die Hohe Tatra und das Gebirge Poľana. Sie kommen an den Berghütten Kamená Chata und Chata Štefánika vorbei, wo kräftige Eintöpfe auf Sie warten. Schließlich steigen Sie bis zum Sattel Čertovica ab.

Auf dem blauen Wanderweg brauchen Sie 15 Min. bergauf, um den roten Wanderweg auf dem Kamm bei dem Wegpunkt Malý Chabenec zu erreichen. Von hier aus steigen Sie auf den großen Chabenec, der mit 1.955 m immerhin schon fast die Zweitausendermarke streift. Von nun an sollten Sie auf der Tagesetappe auf Gämsen achten, die in diesem Gebiet leben.

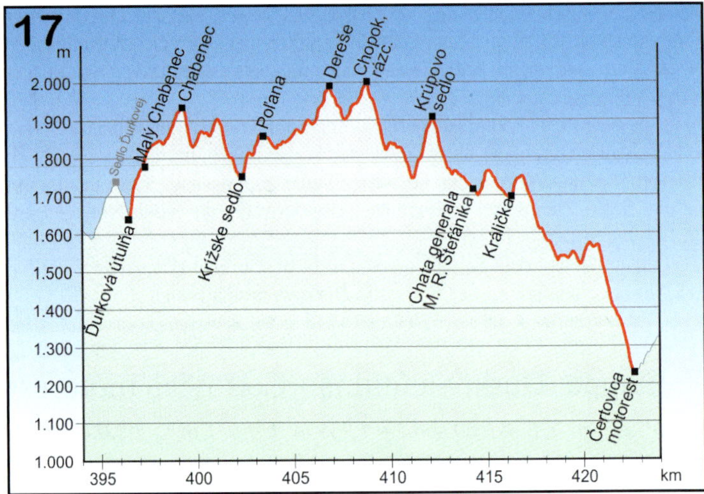

Vom Chabenec steigen Sie 280 m ab bis zum Sattel Krížske. Hier beginnt der blaue Wanderweg, der südlich unterhalb des Kammwegs bis zur Chata Štefánika führt. Bei Sturm oder Gewitter sollten Sie diese Alternative nutzen, da sie deutlicher sicherer ist als der Kammweg. Für eine vorzeitige Übernachtung bietet sich die Hütte Kosodrevina an, die Sie nach 2 Std. auf dem blauen Weg erreichen.

Chata Kosodrevina, Bystrá dolina, Chopok Juh, 97701 Bystrá, 09 05/51 65 19, www.chatakosodrevina.sk, chatakosodrevina@gmail.com, Ü € 20

Auf dem Kamm liegen jetzt drei Zweitausender vor Ihnen: Dereše (2.004 m), Chopok (2.021 m) und der Ďumbier (2.043 m). Nachdem Sie den Gipfel Dereše passiert haben erreichen Sie in 25 Min. den Gipfel Chopok. Unterhalb befindet sich die Kamená Chata, die auf 2.000 m liegt und damit die höchste Unterkunft auf dem gesamten Weg der Helden sowie die dritthöchste Chata in der Slowakei ist.

Kamenná chata pod Chopkom, 97701 Brezno, 048/617 00 39, www.kamennachata.sk, kamienka@kamennachata.sk, Ü € 13,50

Die Kamená Chata verfügt über keine eigene Wasserquelle. Wasser muss also vor Ort gekauft werden, weil die Hütte nur durch Lifte versorgt wird. Mit dem südlichen Lift erreichen Sie die Chata Kosodrevina und das Örtchen Srdiečko mit weiteren Hotels. Der nördliche Lift führt über Luková in das Tal Demänovaská Dolina, wo Sie nicht nur den malerischen Bergsee Vrbické Pleso, sondern weitere Hotels und Restaurants vorfinden. Aufgrund der leichten Erreichbarkeit ist der Chopok bei gutem Wetter stets sehr stark frequentiert.

Lift Jasná, 09 07/88 66 44, www.jasna.sk, info@jasna.sk, Juni bis September 8:30-16:30, Fahrt € 18

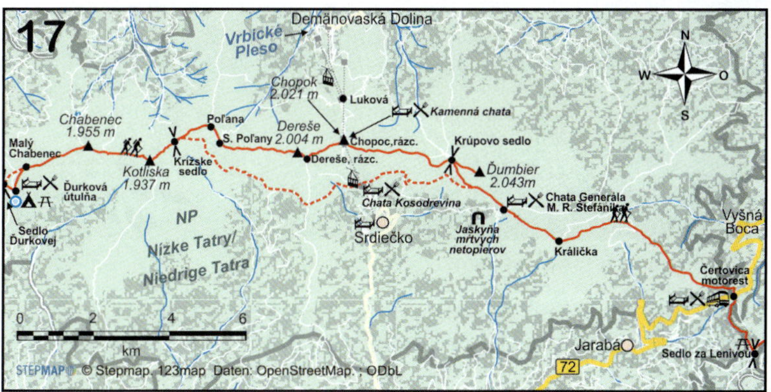

Immer wieder durchqueren Sie Geröllfelder und laufen auf Steinplatten, die enthusiastische Freiwillige auf weiten Teilen verlegt haben, um schädliche Bodenerosionen zu vermeiden. Eine Höhe schenkt herrlichere Aussichten als die vorige. Bei gutem Wetter sehen Sie nicht nur die Gipfel der Hohen Tata, sondern schauen auch weit bis in den Süden der Slowakei hinein. Bei entsprechender Thermik könnten majestätische Steinadler über Ihnen kreisen.

Die 1 Stunde bis zum Sattel fühlt sich wie ein Spaziergang ohne nennenswerte Steigungen an (nun gut, insgesamt steigen Sie auf diesem Teilstück 175 m auf und 260 m ab). Beim Sattel Krúpovo stoßen Sie auf die Abzweigung zum Gipfel Ďumbier. Gönnen Sie sich die 30 Min., um den 2.043 m hohen Ďumbier zu ersteigen. Wer in der Kamená Chata übernachtet, sollte sich frühmorgens aus den Federn quälen und noch im Dunkeln auf den Gipfel gehen. Das Leuchten in den Augen derer, die auf dem Ďumbier bei gutem Wetter die Sonne haben aufgehen sehen, spricht Bände.

Sie müssen den gleichen Weg benutzen, um wieder abzusteigen. Danach folgen Sie weiter dem roten Wanderweg und erreichen nach 40 Min. die Chata Štefánika, in unseren Augen eine der schönsten Unterkünfte auf dem Weg der Helden. Die Chata wird ehrenamtlich von Trägern versorgt, die mit hölzernen

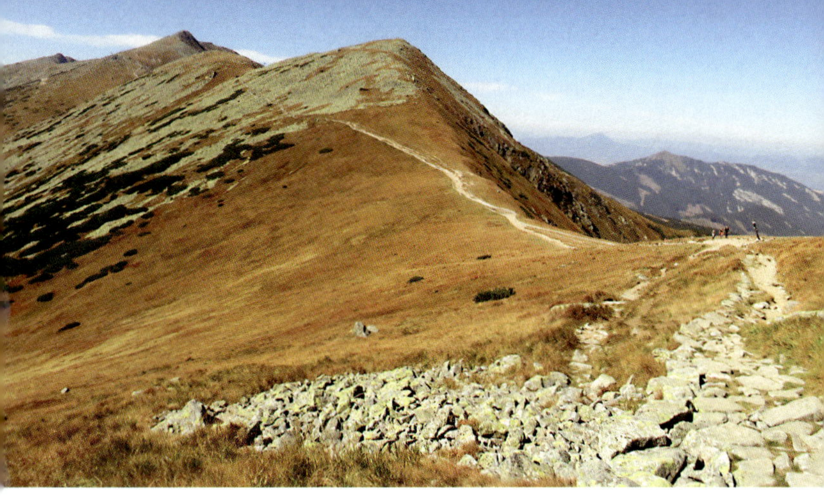

Bergrücken der Niederen Tatra

Kiepen bis zu mehreren Dutzend Kilogramm Lebensmittel hochtragen. Da die Hütte an keinen Lift angeschlossen ist, übernachten hier vor allem Wanderer.

Chata Generála Milana Rastislava Štefánika, 97701 Brezno, 09 04/97 84 39, 048/619 51 20, www.chatamrs.sk, fabricius@chatamrs.sk, ÜF € 16,

In der 1,6 km entfernten Karsthöhle der toten Fledermäuse kommen Speläologen und Höhlenfreunde auf ihre Kosten. Die Höhle kann nach Anmeldung und mit Führung besichtigt werden.

⌘ Karsthöhle der toten Fledermäuse - Jaskyňa mŕtvych netopierov, 09 05/13 55 35, www.jmn.sk, jmnstec@gmail.com, März-Juni, September-Dezember Sa-So, Juli-August Di-So, Eintritt je nach Schwierigkeitsgrad der Tour € 8-25

Von der Chata Štefánika steigen Sie bis zum Sattel Čertovica ab. Bei dem Wegpunkt Králička führt der gelbe Wanderweg bis in das Dorf Vyšná Boca, wo Sie sich in einem kleinen Dorfladen bei Bedarf mit Lebensmitteln eindecken können.

Vom Wegpunkt Králička steigen Sie 2 Std. bis zum Sattel Čertovica ab, auf dem es zwar Restaurants, Pensionen und Möglichkeiten zum Zelten gibt, aber keinen Lebensmitteladen. Der Sattel bildet auch die Grenzen zwischen der westlichen und östlichen Niederen Tatra.

Čertovica Motorest, Čertovica 266, 03234 Vyšná Boca, 09 05/32 04 95, 044/529 14 00, www.certovica.sk, certovica@certovica.sk, Ü € 20,

18. Etappe: Čertovica - Sedlo Priehyba

21,7 km, 6 Std. 30 Min., ↑ 1.000 m, ↓ 1.068 m, ⇧ 1.190-1.605 m

0,0 km	⇧ 1.238 m	Čertovica, motorest
2,0 km	⇧ 1.378 m	Sedlo za Lenivou
4,8 km	⇧ 1.315 m	Bacúšske sedlo
7,5 km	⇧ 1.267 m	Ramža
14,3 km	⇧ 1.575 m	Homôľka sedlo
15,2 km	⇧ 1.605 m	Zadná hoľa
17,9 km	⇧ 1.455 m	Oravcová sedlo
19,4 km	⇧ 1.495 m	Kolesárová
21,7 km	⇧ 1.190 m	Sedlo Priehyba

Hinter Čertovica beginnt der östliche, weniger frequentierte Teil der Niederen Tatra. Nach 7,5 km stoßen Sie auf die urige Schutzhütte Ramža, die unter „Tramps" sehr beliebt ist. Wer lange Gespräche am Lagerfeuer über den Sinn und den Unsinn des Lebens mag - ist hier richtig! Danach steigen Sie auf den Kamm auf und erreichen mit Zadná hoľa den höchsten Punkt Ihrer heutigen Tagestour. Zum Sattel Priehyba steigen Sie sehr steil ab und finden ein Schutzdach mit Wasser vor.

Bei Čertovica überqueren Sie die Passstraße 72 und folgen dem Wirtschaftsweg hinter dem Motorest. Sie kommen an einem Kruzifix mit Markierung vorbei, passieren einen Schlagbaum und bleiben für die nächsten 2 km auf dem Wirtschaftsweg, der auf der südlichen Hangseite bis zum Sattel Lenivou verläuft.

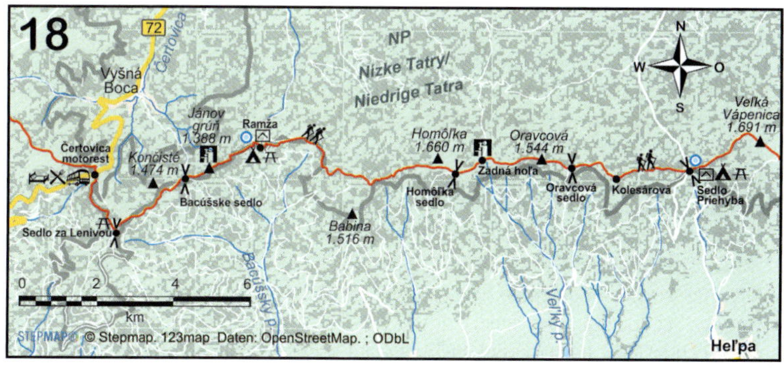

Hier finden Sie einen Rastplatz und eine Infotafel zu Flora und Fauna der Niederen Tatra sowie über die Schäden, die der Orkan „Quimburga" im November 2004 angerichtet hat. Bis heute sind die weitflächig verwüsteten Wälder erkennbar, die nicht wieder aufgeforstet werden und sich selbst vor allem mit Birke und Eberesche verjüngen. Es hat einige Jahre gebraucht, bis der Wanderweg geräumt und neu markiert wurde. Mittlerweile kann man ihm wieder gut folgen. Für Wintergeher wurden extra lange Holzstangen angebracht, damit der Wegverlauf auch bei hohen Schneelagen sichtbar ist.

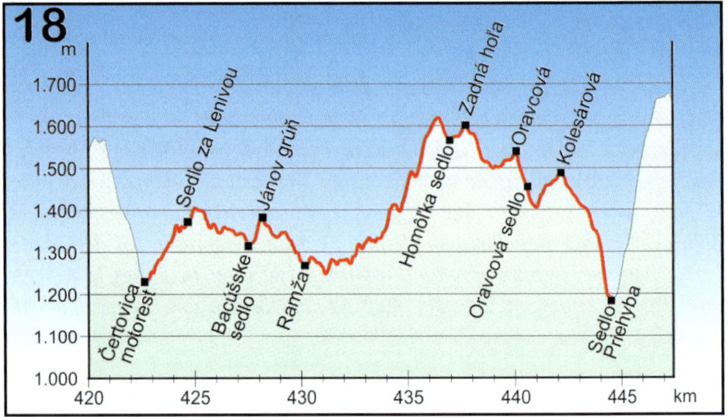

Sie gehen einige Meter bergauf und achten bitte auf den Baumstumpf, der einen roten Pfeil nach rechts aufweist. Von nun verläuft der Weg als schmaler Pfad am Hang entlang ohne nennenswerte Steigungen über Stock und Stein, über und unter Bäumen und oft über Freiflächen, wo Sie mit ein wenig Glück und zur richtigen Tageszeit Hirsche beim Äsen beobachten können.

Der nächste Wegpunkt heißt Bacúšske. Hier kreuzt der blaue Wanderweg. Sie erklimmen eine kleine Anhöhe, von der Sie einen schönen Ausblick auf das Dorf Vyšná Boca haben. Auf den Freiflächen könnten Ihnen Vögel auffallen, die ihren Gesang während eines Gleitfluges vortragen, der normalerweise auf einer erhöhten Sitzwarte endet. Ein typisches Verhalten für den Baumpieper, den Sie bis in den Juli hinein nicht nur in der Niederen Tatra hören können.

Nach 35 Min. erreichen Sie die rustikale Schutzhütte Ramža mit mehreren Schlafplätzen, einem Ofen, einem Plumpsklo und einer offiziellen Feuerstelle. Die Wasserstelle ist nicht so leicht zu finden. Gehen Sie den roten Wanderweg von der Schutzhütte aus wieder zurück, bis der Weg sich aufgegabelt, wobei Sie dem rechten Weg (Fahrspuren) leicht bergauf folgen. Nach 100 m sehen Sie lin-

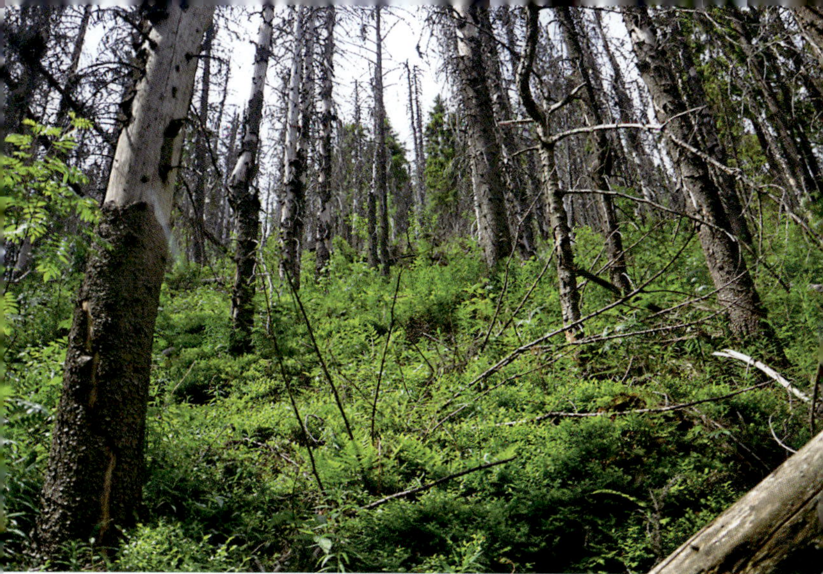

Wald mit Sturmschäden

ker Hand eine Ansammlung von Sauerampfern, rechter Hand ein kleines Fichtenwäldchen mit dichtem Unterwuchs. Gehen Sie weiter aufwärts. Auf der rechten Seite finden Sie einen Trampelpfad, der durch das Gras führt und Sie zu der überdachten Quelle bringt.

Wie im gesamten Nationalpark Niedere Tatra ist auch an der Schutzhütte Ramža nur eine Übernachtung erlaubt, bei schlechtem Wetter dürfen Sie zweimal übernachten. In der Hütte lassen Wanderer oftmals ihre Vorräte zurück, da es für viele die letzte Übernachtung ist, bevor sie in Čertovica den Bus nehmen. In der Hauptsaison finden sich hier immer wieder viele Wanderer ein, die sich rings ums Lagerfeuers versammeln und gemeinsam Lieder singen. Die Schutzhütte Ramža bietet sich mit ihrer tollen Atmosphäre als Übernachtungsort für Wanderer an, die in Čertovica noch Kraft für 2-3 Std. Wanderung haben.

Achten Sie darauf, dass der Weg hinter der Schutzhütte nach 100 m links abbiegt und dem Bergrücken folgt! Steigen Sie nicht ab! Nach 200-300 m folgen Sie dann der Markierung rechts. Bis zum Sattel Homôľka durchlaufen Sie Wälder verschiedenster Zustände vom Kahlschlag und Windbruch bis hin zu alten abgestorbenen Baumriesen, die mit ihren kahlen Ästen bizarre Skulpturen in den Himmel malen.

Danach steigen Sie auf und erreichen die subalpine Krummholzzone mit allgegenwärtigen Latschenkiefern. Sie befinden sich jetzt ganz oben auf dem Kamm der östlichen Niederen Tatra mit herrlichen Ausblicken auf die Hohe Tatra. Hier oben dominieren zwei Farben: das Grün der Bergrücken und das Blau des Himmels. Zadná hoľa ist mit 1.605 m der höchste Punkt Ihrer heutigen Tagesetappe und zum ersten Mal sehen Sie den Gipfel Kráľova hoľa mit seinem markanten Fernsehturm. Vom Wegpunkt Kolesárová steigen Sie steil und nicht gerade knieschonend 400 m ab und erreichen den Sattel Priehyba, wo Sie ein Schutzdach und 50 m unterhalb Richtung Norden Wasser vorfinden.

19. Etappe: Sedlo Priehyba - Telgárt penzión

23,4 km, 8 Std. 10 Min., ↑ 1.292 m, ↓ 1.602 m, ⇧ 880-1.946 m

0,0 km	⇧ 1.190 m	Sedlo Priehyba
3,3 km	⇧ 1.553 m	Priehybka
6,3 km	⇧ 1.425 m	Andrejcová útulňa
8,7 km	⇧ 1.468 m	Ždiarske sedlo
11,9 km	⇧ 1.840 m	Orlová
16,2 km	⇧ 1.946 m	Kráľova hoľa
22,5 km	⇧ 885 m	Telgárt námestie
23,4 km	⇧ 880 m	Telgárt penzión

Vom Sattel steigen Sie auf das „Dach" der Niederen Tatra, von dem Sie den königlichen Gipfel Kráľova hoľa sehen und auf den Sie über mehrere Stunden zuwandern. Ab und zu müssen Sie sich durch Latschenkiefern zwängen, meistens können Sie sich aber an den Gipfeln der Hohen Tatra erfreuen, die immer wieder im Norden sichtbar sind. Beim Fernsehturm liegt der längste Abstieg des gesamten Fernwanderwegs vor Ihnen - nämlich 1.061 m - bis Telgárt.

Vom Sedlo Priehyby erklimmen Sie einen steilen Aufstieg auf den Veľká Vápenica, immerhin über 500 steile Höhenmeter. Teilweise eine Kletterpartie aufgrund der vielen umgeworfenen Bäume. Oben sind Sie wieder auf dem „Dach" der Niederen Tatra. Im Norden blinzeln die schneebedeckten Gipfel der Hohen Tatra, im Süden sieht man die Hochebene Muránska Planina und bei besonders guten Sichtbedingungen können Sie bis in die ungarische Tiefebene blicken.

In 2 Std. 30 Min. erreichen Sie die Schutzhütte Andrejcová, bei der Sie Wasser, eine Feuerstelle und einige Schlafplätze in Doppelbetten finden. Das Panorama auf die Hohe Tatra ist sehr beeindruckend und hilft, wenn man frühzeitig morgens aus den Federn muss. Die Schutzhütte hat gerade einen neuen Mieter bekommen, der die Inneneinrichtung renoviert und in Zukunft auch Suppen, Getränke und Snacks anbieten will. Die Übernachtung soll weiterhin kostenlos

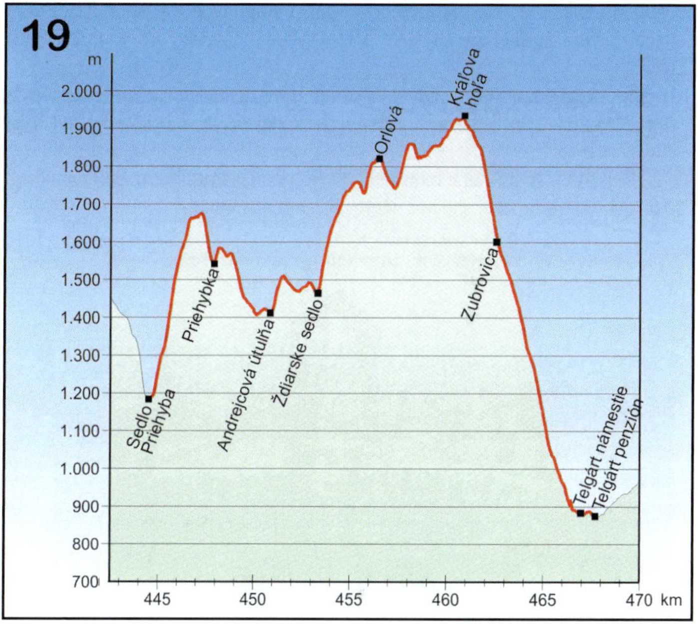

19

m

2.000
1.900
1.800
1.700
1.600
1.500
1.400
1.300
1.200
1.100
1.000
900
800
700

Sedlo Priehyba
Priehybka
Andrejcová útulňa
Ždiarske sedlo
Orlová
Kráľova hoľa
Zubrovica
Telgárt námestie
Telgárt penzión

445 450 455 460 465 470 km

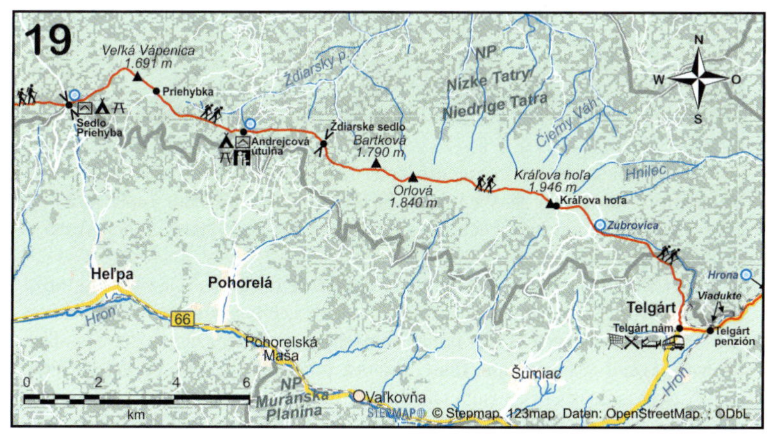

bleiben. Analog zu der Schutzhütte Ramža empfehlen wir Andrejcová als Übernachtungsort für die, die noch Reserven haben, den etwas längeren Weg zu meistern.

Der Wegverlauf führt über den Kamm durch Latschenkiefern und aufwärts zu dem Wegpunkt Bartková mit einer Gedenktafel der Familie Bartko mit folgender Aufschrift:

„Reisender halte kurz inne und danke deinen Vorfahren. Die Familie Bartko dankt ihren Vorfahren, die aus dieser Region stammen."

Das Gedenkschild Bartková. Im Hintergrund die Hohe Tatra.

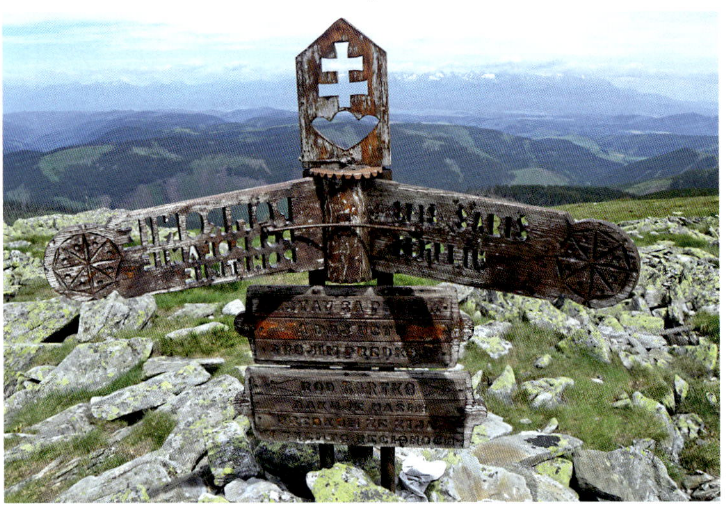

Vor Ihnen liegt ein langer, unbewaldeter Kamm. In einigen Abständen stecken Holzstangen im Boden als Wegweiser für Wintergeher. Bis zum Gipfel Kráľova hoľa wandern Sie mit herrlichen Aussichten, fast auf Augenhöhe ziehen Wolken an Ihnen vorbei.

Kráľova hoľa bildet das östliche Ende der Niederen Tatra. Seine kegelförmige Gestalt ist von allen Seiten aus weiter Entfernung sichtbar. Auf dem Gipfel befindet sich ein hässlicher, 135 m hoher Fernsehturm, zu dem die in der Slowakei höchstgelegene Asphaltstraße führt. Kráľova hoľa heißt königliche Wiese, weil hier König Matthias Corvinus im Jahre 1479 während der Jagd zu Mittag gegessen haben soll. Eine andere Legende besagt, das Ďumbier als höchster Gipfel der

Niederen Tatra eifersüchtig auf die Schönheit von Kráľova hoľa war und den Gipfel deswegen ganz an das östliche Ende versetzt hat. Ringsherum entspringen die vier Flüsse Hron, Hornád, Hnilec und Váh.

Sie gehen ein Stück entlang der Asphaltstraße. Bei der ersten Linkskurve sehen Sie den roten Wanderweg rechts über die Wiesen abbiegen. Sie müssen unter den Leitplanken durchschlüpfen und den gelben Stangen folgen. Ein sehr steiler Abstieg von über 1.000 m erwartet Sie.

Am Wochenende oder in den Ferien können Ihnen hier einige Wanderer entgegenkommen, da Kráľova hoľa ein beliebtes Ausflugsziel ist. Direkt nachdem Sie die erste asphaltierte Serpentine gequert haben, liegt linker Hand die Quelle Zubrovica.

Sie folgen dann dem Bachlauf, später den grünen Strommasten. Bei Regen kann der Weg auch zum Bach werden. Im Mai 2014 hat hier ein Sturm viele Fichten auf den Weg geworfen, so dass zum Teil Markierungen fehlen und Sie immer wieder gezwungen werden, rechts und links auszuweichen. Dort wo die grünen Strommasten aufhören und die grauen Betonmasten anfangen, fehlen die Markierungen komplett.

Der Weg verläuft von dort an links parallel zu den Stromleitungen. Sollten Sie, so wie wir, aufgrund der umgestürzten Bäume den Einstieg nicht finden, folgen Sie einfach dem gut sichtbaren Trampelpfad entlang der Stromtrasse bergab. Schließlich sehen Sie den Kirchtrum von Telgart, der Ihnen als Orientierung dienen kann.

In Telgart finden Sie dann unweigerlich die roten Markierungen wieder, spätestens auf der Hauptstraße, wo Sie links abbiegen. Zuvor passieren Sie ein kleines Lebensmittelgeschäft.

Telgárt

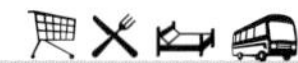

- COOP Potraviny, Telgárt 168, 97673 Telgárt, Mo-Fr 7:00-12:00, 13:00-17:00, Sa:7:00-12:00
- ♦ Horehronská kúria, Telgárt 50, 97673 Telgárt, 09 08/54 83 42, www.vraji.sk/horehronska-kuria, info@horehronskakuria.sk, Mo-Sa 10:00-22:00, So 14:00-22:00
- Penzión u Hanky, Telgárt 99, 97673 Telgárt, 048/619 46 16, 09 03/77 16 62, www.penzionuhanky.sk, penzionuhanky@centrum.sk, DZ € 28, (sehr leckere Küche mit eigenen Produkten!!! Mo-So 7:30-9:30, 12:00-14:00, 18:00-21:00. In diesen Zeiten kann man essen. Café ist ganztägig geöffnet.), . Die Pension besteht seit 1990 und ist damit die ältestes in der Slowakei.
- ♦ Penzión Čučoriedka, Telgárt č. 16, 97673 Telgárt, 09 07/83 61 50, 09 05/72 09 04, www.cucoriedka.info, ubytuj@cucoriedka.info, Ü € 12,

Apartmány Rejdovian, Telgárt 349, 97673 Telgárt, 09 02/19 70 22, 048/619 43 47, www.nizketatry.sk/rejdovian/, Ü € 8

♦ Turistická ubytovňa Pod kraľovou hoľou, Telgárt 303, 97673 Telgárt, 09 48/00 83 00, www.podkralovouholou.6f.sk, pod.kralovou.holou@gmail.com, Ü € 6

20. Etappe: Telgárt penzión - Sedlo Dobšinský vrch

23,1 km, 6 Std. 30 Min., ↑ 839 m, ↓ 809 m, ⇧ 880-1.165 m

0,0 km	⇧ 880 m	Telgárt penzión
2,5 km	⇧ 994 m	Sedlo Besník
6,3 km	⇧ 1.165 m	Pred Čuntavou
7,7 km	⇧ 1.155 m	Pod Ondrejiskom
10,6 km	⇧ 1.085 m	Nižná záhrada
13,0 km	⇧ 915 m	Pod Hanesovo I.
17,0 km	⇧ 925 m	Voniarky
19,8 km	⇧ 860 m	Dobšinský kopec
21,8 km	⇧ 945 m	Sedlo Kruhová
23,1 km	⇧ 910 m	Sedlo Dobšinský vrch

Hinter Telgárt führt der Weg über die Landstraße an einem 113 m langen Eisenbahnviadukt vorbei, östlich geht es dann durch Wälder entlang der Südgrenze des Slowakischen Paradieses. Hinter Nižná záhrada wartet eine Rastbank auf Sie mit Ausblick auf das Dankova Tal, wo große Schafsherden weiden. Sie passieren das Dorf Dobšinská Maša und haben die Möglichkeit, auf dem Sattel Dobšinský vrch zu biwakieren oder in das Dorf abzusteigen.

Aus Telgárt folgen Sie für 45 Min. der Landstraße 66 Richtung Sedlo Besník. Es gibt keinen Fußgängerweg und die entgegenkommenden Autos haben ein hohes Tempo.

Links sehen Sie hinter dem Dorf ein sehenswertes Eisenbahnviadukt, das in 18 m Höhe das Tal in einer Länger von 113 m überspannt. Die eingleisige Bahnstrecke verbindet Margecany und Červená Skala schon seit 1884 und ist bis heute ein großer Anziehungspunkt für Eisenbahnfreunde. Dahinter passieren Sie die Quelle des Flusses Hron, der nach 298 km bei Štúrovo in die Donau mündet.

Auf dem Sattel biegen Sie nach rechts ab und laufen für einige Kilometer auf Wald- und Wirtschaftswegen und passieren die Grenze zu dem Nationalpark

Slowakisches Paradies. 500 m vor dem Wegpunkt Pred Čuntavou kommen Sie an dem Bach Spišský vorbei, der Trinkwasser führt. Direkt am Wegpunkt gibt es ein Schutzdach.

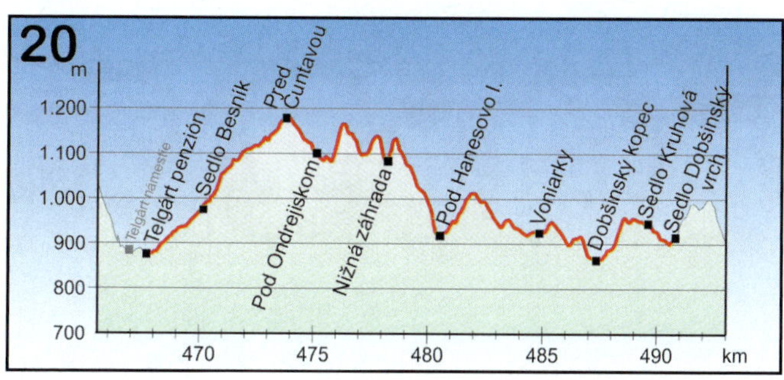

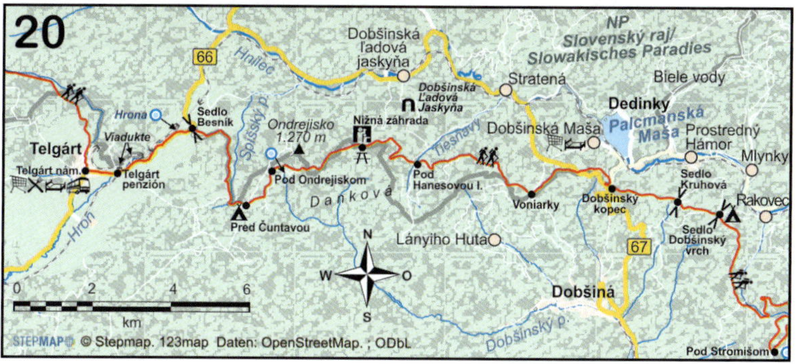

Nun wird aus dem Weg langsam ein Pfad. Sie durchlaufen einige Wäldchen und überqueren die Wiesen des Tals Danková. In der Regel helfen Ihnen die bekannten gelben Stangen bei der Wegfindung. Wo diese nicht vorhanden sind, verweisen die ausgetretenen Pfade auf den Verlauf. Hier kann es Ihnen gut passieren, dass große Schafsherden den Weg versperren. Achten Sie auf Ihren Hund, falls Sie einen dabeihaben.

Sie passieren das Forsthaus Gapel, an dem sich eine überdachte Feuerstelle und eine Quelle befinden. Vor Nižná záhrada steigt der Weg in ein Buchenwäldchen hoch. Hier befindet sich auch die schönste Aussicht der heutigen Etappe.

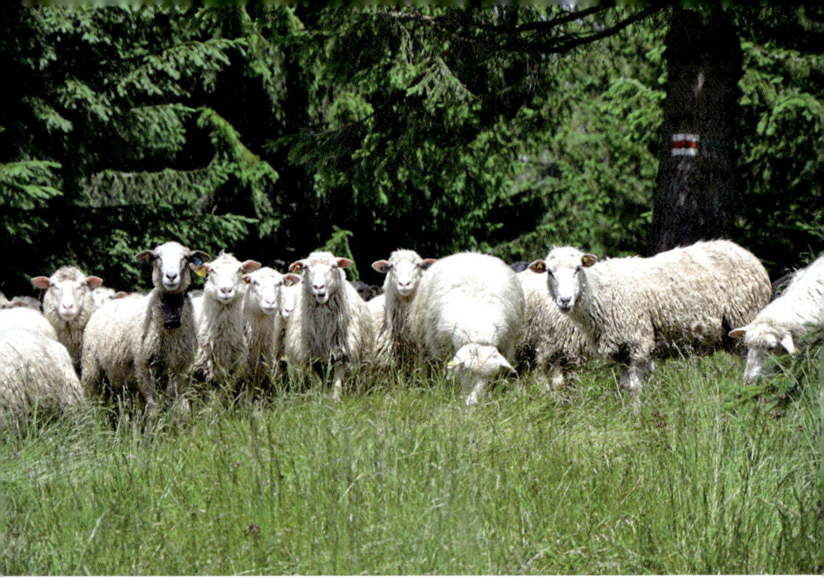

Schafsherde auf dem Weg

Die Sitzbank bietet eine gute Möglichkeit zur Rast. Der gelbe Wanderweg bei Nižná záhrada führt zu der Eishöhle Dobšinská Ľadová Jaskyňa, deren Besuch sich unbedingt lohnt. Sie zählt zu den größten Eishöhlen Europas.

⌘ Dobšinská Ľadová Jaskyňa, ☏ 058/788 14 70, 💻 www.ssj.sk/sk/jaskyna/6-dobsinska-ladova-jaskyna, ✉ dobslj@ssj.sk, 🚪 15.5.-30.9, Di-So 9:00-16:00, Eintritt € 7

Danach führt der Weg - recht ermüdend - für eine längere Zeit über eine Straße, die allerdings kaum befahren ist. Rings des Wegpunktes Pod Hanesovou I. werden traditionell Pferde gezüchtet - vielleicht haben Sie Glück und können eine der großen Herden beim Grasen beobachten.

Hinter Voniarky überqueren Sie die Landstraße 67 und sehen das Dorf Dobšinská Maša, zu dem Sie über den grünen Weg absteigen können, wenn Sie dort übernachten wollen. Ansonsten biegen Sie hier rechts ab und passieren einige Schafsweiden, die in der Regel von einem Hirten mit Hund begleitet werden.

🛏 Chata Aqualand, Dedinky-Dobšinská Maša 85, 📱 09 48/00 77 35, 💻 www.aqualand.sk, ✉ aqualandchata@gmail.com, Ü € 12-25, 🐕 (Palcmanská Maša 2 km vom Wanderweg)

🛒 Potraviny Dedinky - Dobšinská Maša, Telgárt, 🚪 Di-Do 8:00-10:00 und 14:00-16:00, Sa 8:00-10:00

Bei Dobšinský kopec landen Sie zunächst ohne Wegweiser direkt auf einer Straße, halten Sie sich links, an der Gabelung finden Sie ihn. In gleicher Richtung sehen Sie eine Reklame für eine Koliba Zuzanna, da biegen Sie rechts ab und gehen den Hügel hinauf. Oben auf dem Hügel finden oft Wettbewerbe mit Modellflugzeugen statt.

Hinter dem Sattel Dobšinský vrch steigen Sie ein kurzes Stück bergauf und befinden sich auf einer größeren Wiese, die sich gut als Biwak- oder Zeltplatz eignet.

21. Etappe: Sedlo Dobšinský vrch - Chata Volovec

➲ 25,8 km, ⧗ 7 Std. 30 Min., ↑ 1.195 m, ↓ 975 m, ⇧ 910-1.290 m

0,0 km	⇧ 910 m	Sedlo Dobšinský vrch ⛺
7,6 km	⇧ 1.030 m	Pod Stromišom 💧
8,8 km	⇧ 1.150 m	Pod Smrečinkou
12,7 km	⇧ 910 m	Sedlo Súľová
18,4 km	⇧ 1.210 m	Pod Hoľou
23,1 km	⇧ 1.150 m	Volovec sedlo 💧 ⛺
25,2 km	⇧ 1.290 m	Skalisko
25,8 km	⇧ 1.130 m	Chata Volovec ⌂ ⛺ 💧 ⛩ 🚻 ✕

Sie wandern den ganzen Tag durch einsame Nadelwälder und steigen über umgestürzte Bäume. In diesen Wäldern kann es langen dauern, bis Sturmschäden wieder aufgeräumt werden. Dafür werden Sie am Wegesrand Trittsiegel oder

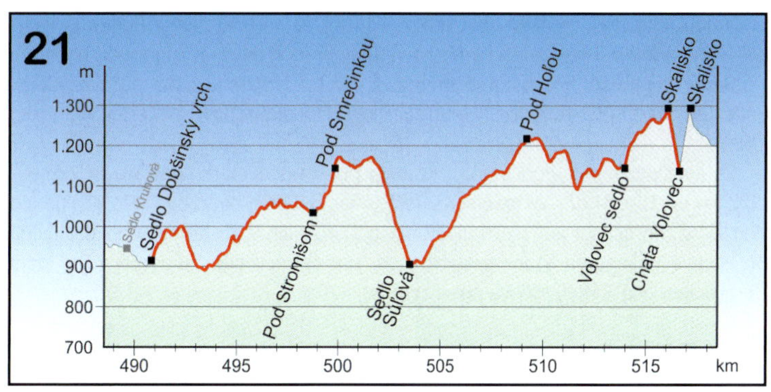

Losungen von Bär oder Wolf finden. Von den Felsen Skalisko können Sie bis in die ungarische Tiefebene schauen und einen zuckersüßen Sonnenuntergang genießen. Danach steigen Sie bis zur gemütlichen Hütte Volovec ab.

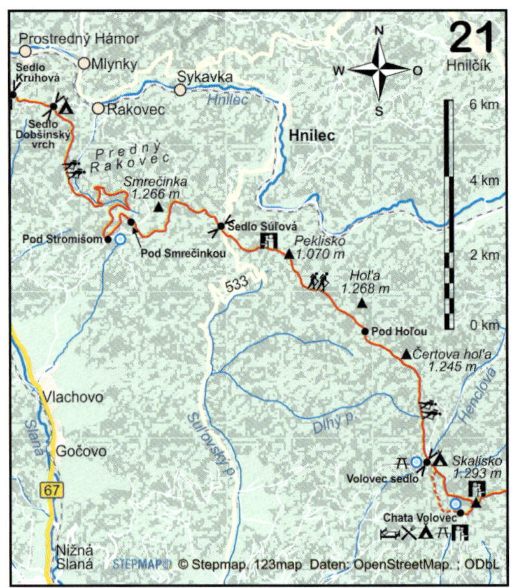

Sie überqueren die Wiesen von Dobšinský vrch und erreichen das Tal Predný Rakovec, durch das ein namenloser Bach fließt. Die Entnahme von Trinkwasser und/oder das Biwakieren wären auch hier gut möglich.

Danach führt ein lang gezogener Weg in langen Schwüngen bergauf bis auf 1.000 m Höhe. Sie sehen Wälder, vor allem Fichtenwälder, die vom Orkan 2004 umgeworfen wurden und passieren große Flächen, die im Mai 2014 erneut von einem Sturm verwüstet wurden. Das ist nicht immer leicht, teilweise müssen Sie Gebiete großflächig umlaufen. Dabei ist es nicht abzusehen, wie schnell mit Aufräumarbeiten gerechnet werden kann. Das kann in einigen Gebieten auch Jahre in Anspruch nehmen.

Beim Wegweiser Pod Stromišom findet sich ein Holzschild, das auf die 300 m entfernte Jagdhütte verweist. Unterhalb des Holzhäuschens befindet sich eine Quelle.

Die Wälder hinter Pod Smrečinkou sind besonders stark vom Sturm geschädigt, so liegt z. B. der Wegweiser selbst unter Bäumen begraben. Sie umrunden den Berg Smrečinka auf gleicher Höhe in südöstlicher Richtung, danach halten Sie sich ein längeres Stück gen Norden, um dann wieder südöstlich auf dem Bergrücken gen Sattel Súľová abzusteigen.

☝ Die Wälder sind durch Sturmschäden großflächig umgestürzt. Häufig fehlen die Markierungen, Wege sind nicht erkennbar. Schilder warnen auch davor, dass in dieser Gegend weitflächig Insektizide zum Beispiel gegen Borkenkäfer ausgebracht wurden und man keine Beeren oder Pflanzen aus dem Wald sammeln und konsumieren soll.

Vom Sattel Súľová gehen Sie rechts hinunter und biegen bei dem ersten Verkehrsschild links in den Wald ab. Hier kann man deutlich sehen, dass Laubbäume deutlich weniger vom Sturm in Mitleidenschaft gezogen wurden als Nadelbäume. Wenn Sie den Weg weiter aufsteigen, haben Sie linker Hand einen schönen Blick auf das Dorf Hnilec.

Sie passieren große Flächen, wo Fichten aufgeforstet werden, die dann vermutlich in einigen Jahren wieder den Winden zum Opfer fallen werden. Durch diese Freiflächen haben Sie immer wieder weite Blicke in waldreiche Täler ohne Dörfer und Straßen. Nach dem Wegpunkt Pod Hoľou wandern Sie mehr oder weniger Hangwege, die leicht und angenehm zu laufen sind und durch einsame und gesunde Wälder führen.

An der Kreuzung des roten und grünen Wanderweges beim Sattel Volovec finden Sie eine Quelle mit Rastbank, wenn Sie etwa 100 m den grünen Weg bergab laufen. Im weiteren Umfeld finden sich hier auch Plätze zum Biwakieren.

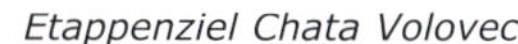

Etappenziel Chata Volovec

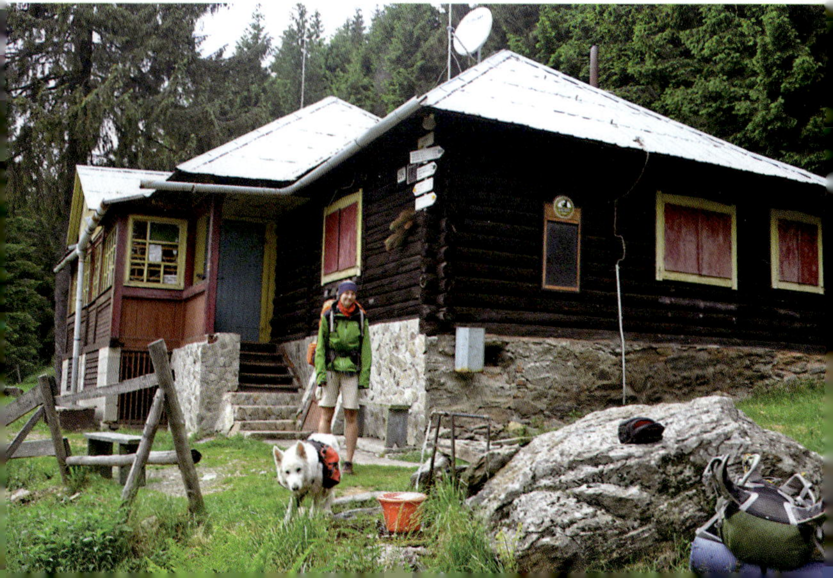

Der schönste Ort der Wanderung sind sicherlich die Felsen von Skalisko. Sie bieten eine herrliche Aussicht auf die Hochebene Muránska Planina, leicht an den steilen Abbruchkanten zu erkennen. Dahinter befindet sich schon Ungarn.

Der grüne Weg führt hier steil 600 m ab zu der Hütte Volovec. Wer es weniger steil mag, nimmt den gelben Wanderweg, der hinter dem Sattel Volovec abzweigt und entlang des Hanges landschaftlich schön bis zur Hütte führt.

Chata Volovec, 09 05/10 79 62, Ü € 1,80-5 (Juli, August durchgehend geöffnet, außerhalb der Saison nur Freitag 17:00 bis Sonntag. Man sollte sich aber besser telefonisch erkundigen, ob geöffnet ist.)

22. Etappe: Chata Volovec - Skorušina

24 km, 7 Std., ↑ 1.000 m, ↓ 1.130 m, ⇧ 999-1.290 m

0,0 km	⇧ 1.130 m	Chata Volovec
0,6 km	⇧ 1.290 m	Skalisko
6,7 km	⇧ 1.122 m	Sedlo Krivé
8,2 km	⇧ 1.175 m	Pod Bielymi skalami
10,8 km	⇧ 999 m	Úhornianske sedlo
20,0 km	⇧ 1.155 m	Pod Osadníkom
21,3 km	⇧ 1.030 m	Bodovka
24,0 km	⇧ 1.000 m	Skorušina

Auf den 24 km der heutigen Tagesetappe werden Sie nur einmal auf ein Anzeichen von „Zivilisation“ stoßen - bei Úhornianske queren Sie eine verlassene schlaglöchrige Sattelstraße. Ansonsten führt Sie der Weg durch Wälder in verschiedenen Vegetationsformen wie naturnahe Rotbuchenwälder, Fichtenforste oder Schlagfluren. Immer wieder passieren Sie großflächige Gebiete, die von Sturmschäden stark betroffen wurden. 5 km hinter dem Berg Osadník und 1 km hinter dem Wegpunkt Skorušina befinden sich eine Quelle und Möglichkeiten zum Biwakieren.

So steil wie es zur Hütte Volovec bergab ging, so steil geht es auch wieder den grünen Weg bergauf. Sonnenaufgänge auf dem Felsen Skalisko haben ihren ganz eigenen Charme, unbedingt empfehlenswert! Weiter wandern Sie durch einen moosigen Fichtenwald, wo Blaubeeren wachsen und Tannenhäher rufen.

Sedlo Krivé wurde mehrmals arg von verschiedenen Stürmen malträtiert, so dass Sie möglicherweise noch auf versperrte Wegabschnitte treffen werden. Südlich vom Sattel, wenn Sie den blauen Weg 15 Min. hinabsteigen, finden Sie eine Wasserquelle, auf die auch auf dem Wegweiser hingewiesen wird.

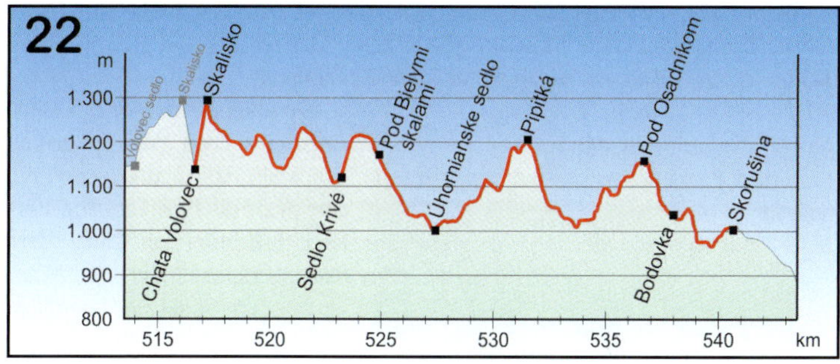

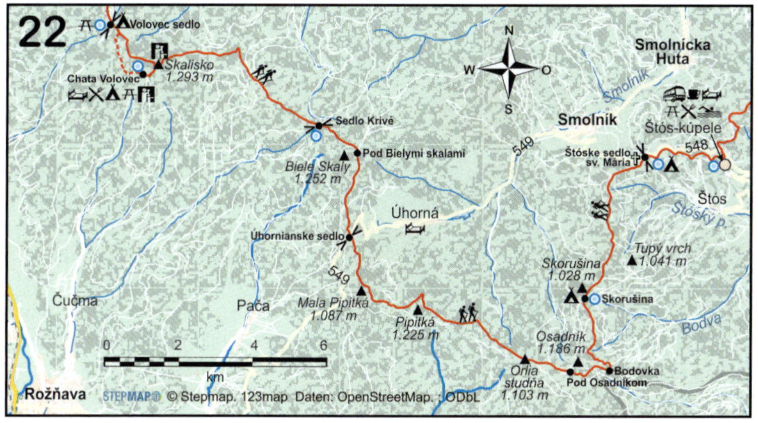

Nördlich passieren Sie den Berg Biele Skaly über Wiesen am Waldrand entlang. Danach biegen Sie rechts auf erodierte Waldwege ab und laufen hinunter bis zum Sattel Úhornianske, wo die Landstraße 549 kreuzt. Wen es nach Zivilisation dürstet, der kann hier den grünen Weg nehmen und bis zum Stausee von Úhorná laufen. Dort gibt es ein gutes Restaurant sowie die Möglichkeit, einen Bus über Smolník nach Štós - kúpele zu nehmen und damit die Strecke abzukürzen, was von einigen Wanderern gemacht wird, die ihre Lebensmittelvorräte auffüllen wollen.

Úhorná (3,8 km vom Wanderweg)

Ubytovanie u Vodnára in Úhorná, Smolník 386, 05566 Smolník, 09 07/30 54 13, uvodnara.sk, wda@centrum.sk, Ü € 12, ✕ (Di-So 10:00-22:00)

Sie marschieren weiter auf dem roten Wanderweg über eine Reihe von tristen Kahlschlägen. Über weite Strecken gibt es keine Markierungen, weil schlichtweg Bäume fehlen, auf denen sie angebracht werden könnten.

Autorin Petra geniesst die Sonne

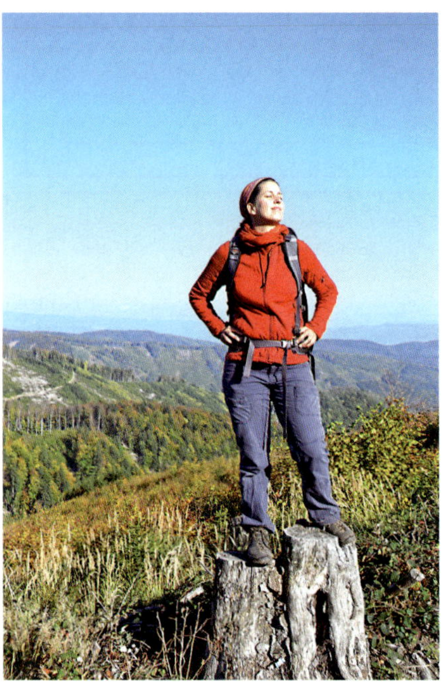

Sie bleiben auf dem einmal eingeschlagenen Weg, passieren den Mala Pipitká und gehen auf eine mehr oder weniger kegelförmige Erhebung zu, einen Berg namens Pipitká. Der rote Wanderweg umrundet ihn nördlich. Wir raten Ihnen allerdings, den Berg wegen des weitflächigen Windwurfes südlich zu umrunden.

Am Fuße des Berges gabelt sich der Weg. Sie nehmen die rechte Abzweigung, leicht an den Fahrspuren zu erkennen. Achten Sie nun darauf, dass Sie nicht die erste Abzweigung rechts nehmen, sondern bis zur Ostseite des Berges gelangen. Von dort aus können Sie die Erhebung des Berges Orlia studňa sehen, auf den Sie zulaufen.

Auf dem Osadník ist es aufgrund der Sturmschäden nicht leicht, dem Weg zu folgen. Folgen Sie der einmal eingeschlagenen Richtung, auch wenn Wege kaum noch zu erkennen sind. Achten Sie auf Markierungen, die sehr weit entfernt sind, - das kann helfen. Auf dem Berg finden Sie den Wegweiser Pod Osadníkom, der Sie in östliche Richtung schickt. Sie müssen sich noch einmal durch einen umgestürzten Wald schlagen, dann wird der Zustand sowohl der Wälder als auch der Markierungen wesentlich besser.

Sie steigen auf einem schmalen Pfad durch eine junge Fichtendickung bergab und erreichen den Wegpunkt Bodovka. Von hier an laufen Sie gemächlich bergab über Waldwege und durch gesunde Buchenwälder. 10 Min. hinter dem Wegpunkt Skorušina befindet sich eine Quelle direkt am Weg und im weiteren Umfeld Plätze zum Biwakieren.

23. Etappe: Skorušina - Tri studne

23,6 km, 6 Std. 45 Min., ↑ 985 m, ↓ 1.025 m, ⇧ 625-1.153 m

0,0 km	⇧ 1.000 m	Skorušina
5,2 km	⇧ 785 m	Štóske sedlo sv. Mária
7,7 km	⇧ 625 m	Štós-kúpele
14,5 km	⇧ 835 m	Sedlo Jedľovec
18,5 km	⇧ 1.153 m	Kloptaň
23,6 km	⇧ 960 m	Tri studne (Trohánka)

Von Ihrem Biwakplatz steigen Sie hinab bis zu den Heilbädern und Kurhäusern von Štós-kúpele. Eine gute Gelegenheit, Verspannungen oder Muskelverhärtungen auszukurieren! Danach besteigen Sie den 1.153 m hohen Kloptaň, auf dem ein hoher Aussichtsturm den Ausblick nochmals intensiviert. Von hier führt der streckenweise alleeartige Wanderweg bis zu den Schutzdächern von Trohánka.

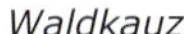

Waldkauz

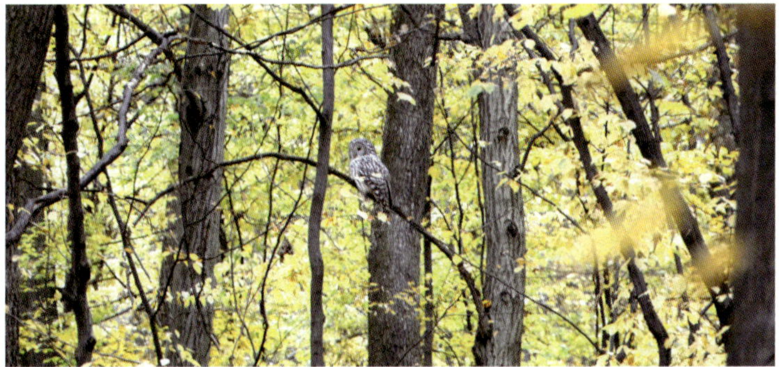

Sie gehen weiterhin gemütlich bergab, bis Sie den Štóske Sattel erreichen. Direkt am Weg liegt die Kapelle zur heiligen Maria aus dem Jahre 1757. Unterhalb befindet sich eine Wiese mit Feuerstelle und gegenüber können Sie von einer Quelle Wasser zapfen.

Vom Sattel aus gehen Sie ebenfalls bergab über einen gut markierten Wanderweg und erreichen den Kurort **Štós-kúpele**, der im Wald ein wenig verloren wirkt. Auf dem Gelände befinden sich mehrere Hotels, Bäder, ein liebevoll angelegter Kurpark und ein Restaurant.

Mit einem Hund findet man keine Unterkunft, aber ansonsten ist Štós-kúpele bestens geeignet, um müde Wanderer wieder munter zu bekommen.

Štós-kúpele 235 und Café Komporday, 04426 Štós, 09 15/91 36 15, 055/466 75 25, www.kupele-stos.sk, marketing@kupele-stos.sk, EZ € 31, DZ € 35, Mo-So 10:30-22:00 (gekocht wird aber nur bis 18:30)

Von hier steigen Sie auf bis zum Sattel Jedľovec. Der Wanderweg ist streckenweise stark erodiert und in einem erstaunlich schlechten Zustand, bedenkt man, dass er sich in unmittelbarer Nähe zu einem Kurort befindet. Auf halber Strecke östlich vom Berg Lastovičí vrch sprudelt Wasser aus einer Quelle 10 m oberhalb des Weges.

Hinter dem Sattel kommen Sie an einer weiteren Quelle vorbei, die allerdings nicht vertrauenswürdig aussieht. Verpassen Sie nicht die Abzweigung rechts den Berg hinauf. Ein schweißtreibender Aufstieg (800 m) über einen verschlungenen Pfad am Südhang führt Sie auf den „Räuberfelsen", so die Übersetzung von Zbojnícka skala. Bei unseren Recherchewanderungen trafen wir dabei Ringelnattern, die in der Sonne Wärme tankten.

Aussichtsturm Kloptaň

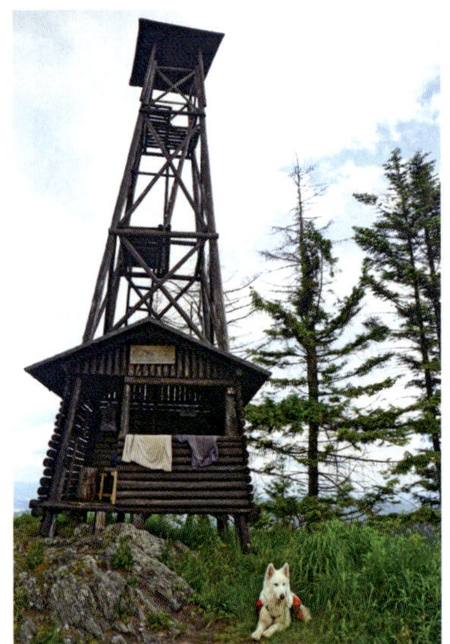

Weiter auf dem Kamm führt Sie der Pfad bis in das Naturschutzreservat Kloptaň. Auf dem 1.153 m hohen Gipfel befindet sich ein Aussichtsturm mit 360 Grad Panorama. Und immer noch sieht man den imposanten Kegel des Gipfels Kráľova hoľa, obwohl er schon einige Tagesmärsche entfernt ist. Die Schutzhütte ist nur für Notfälle gedacht und bietet sich nicht unbedingt für Übernachtungen an, da der Gipfel häufig windumtost ist und der Wind durch alle Ritzen weht. Schauen Sie mal ins Gipfelbuch, wer in den letzten Tagen über den Kloptaň gekommen ist. Unterhalb des Turmes ist ein Gedenkstein für einen verstorbenen Wanderer angebracht, auf dem steht: „Ein Freund ist der, der mit dir schweigend durch die tiefen Täler wandert und lustig auf den Höhen der Berge singt."

Seit 1989 wird rings um den Kloptaň kein Holz mehr geschlagen, greift der Mensch nicht mehr in die natürlichen Prozesse ein. Es ist interessant zu sehen, wie hier die Bäume auf Wind reagieren. Im Gegensatz zu den Fichtenplantagen rings um den Pipitká liegen hier nur vereinzelt Bäume auf dem Boden. Es gibt auch eine größere Vielfalt an Bäumen - nebeneinander wachsen Buchen, Fichten,

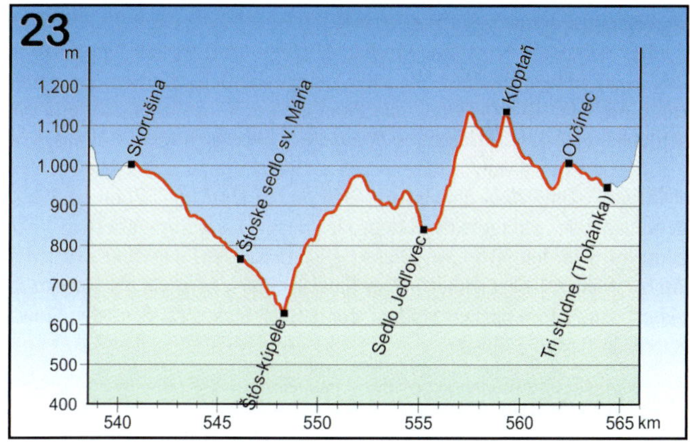

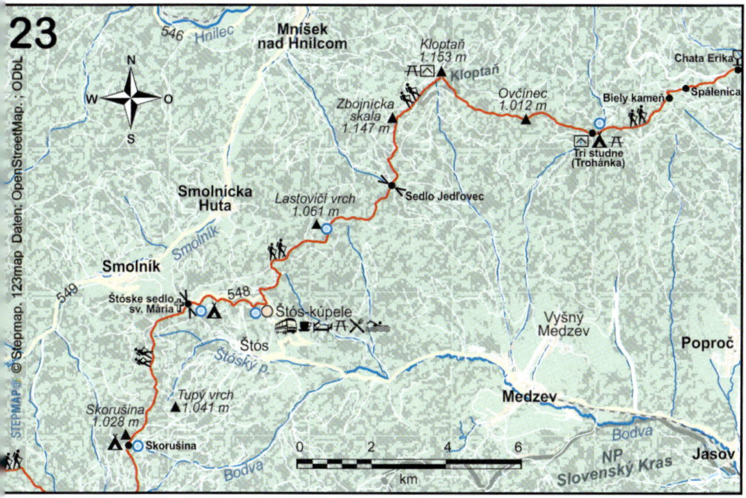

Lärchen und Birken. Insgesamt wirkt der Wald lichter und der Unterwuchs ist deutlich dichter. Wie wir finden ein sichtbares Plädoyer für natürlichere Forstwirtschaft.

Gerade die Wanderung bis Tri studne (Trohánka) führt durch die verschiedensten Waldgesellschaften: dunkle Fichtenwäldchen, mit Flechten behangene Lärchen und knorrige Buchen. Ein landschaftlicher Genuss bei leichtem Gefälle über einen streckenweise alleeartigen Wanderweg.

Der Wegpunkt Tri studne (Trohánka) bietet alles, was ein Wanderer am Ende des Tages mitten im Wald erwarten kann: zwei Schutzhütten, eine Feuerstelle, einen riesigen Tisch mit Bank, ein Plumpsklo und nur 9 Min. entfernt eine Wasserquelle. Hier kreuzt der gelbe Wanderweg, der nach Medzev führt.

Medzev oder deutsch Metzenseifen ist ein Dorf, das schon im 13. Jh. nach dem Einfall der Mongolen von deutschsprachigen Kolonisten besiedelt wurde. Bis heute wird in dem Dorf ein Dialekt gesprochen, der nur dort existiert: Mantakisch. „Mantak" bezeichnet in der Slowakei Personen, die als langsam denkend gelten. Aus Metzenseifen stammt der zweite Staatspräsident der Slowakischen Republik: Rudolf Schuster.

24. Etappe: Tri studne (Trohánka) - Košice Čermeľ

➲ 30,5 km, ⌛ 8 Std. 10 Min., ↑ 680 m, ↓ 1.400 m, ⇧ 240-1.140 m

0,0 km	⇧ 960 m	Tri studne (Trohánka) 💧 ⛺ ⛩ ☒
2,8 km	⇧ 1.115 m	Biely kameň
3,5 km	⇧ 1.140 m	Spálenica
5,2 km	⇧ 1.140 m	Chata Erika 🍷
6,6 km	⇧ 1.070 m	Golgota
10,8 km	⇧ 950 m	Idčianske sedlo
11,7 km	⇧ 965 m	Odb. k Loreley I. ☒ 💧
15,3 km	⇧ 890 m	Chata Lajoška 💧 ⛺ 🛏 ✕
20,2 km	⇧ 580 m	Chata Jahodná 💧 🛏 ✕ 🚌
25,1 km	⇧ 520 m	Sedlo pod Kamenným hrbom
27,2 km	⇧ 402 m	Bankov 🚌
30,5 km	⇧ 240 m	Košice Čermeľ

Nach mehreren Tagen im Wald und auf sich selbst gestellt, kommen Sie heute an drei bewirtschafteten Berghütten vorbei, wo Sie sich mit deftigen Eintöpfen und Kaffee und Kuchen verwöhnen lassen können. Der sprichwörtliche

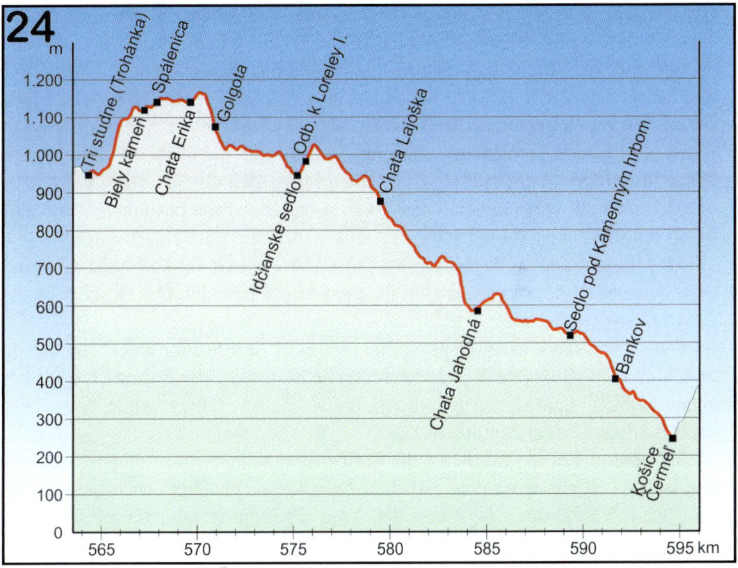

24

m

1.200
1.100
1.000
900
800
700
600
500
400
300
200
100
0

Tri studne (Trohánka)
Biely kameň
Spálenica
Chata Erika
Golgota
Idčianske sedlo
Odb. k Loreley I.
Chata Lajoška
Chata Jahodná
Sedlo pod Kamenným hrbom
Bankov
Košice Čermeľ

565 570 575 580 585 590 595 km

Höhepunkt der Etappe ist Kojšovská hoľa mit 1.246 m. Die nächsten 15 km geht es bergab und Sie erreichen den Stadtwald und -rand der europäischen Kulturhauptstadt 2013 Košice.

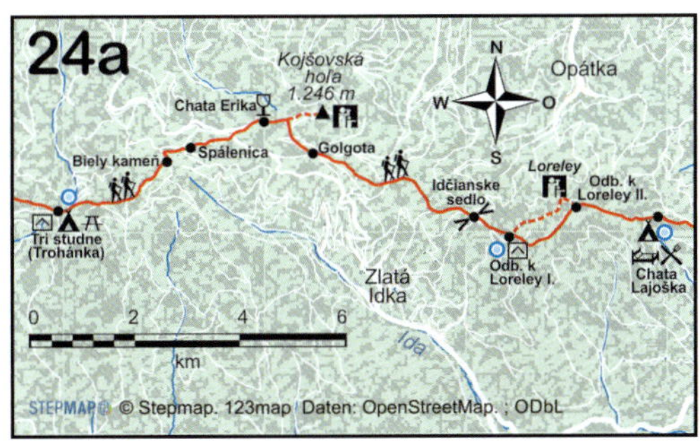

Auf dem Biely kameň halten Sie sich zuerst rechts und durchwandern junge Birkendickungen, um dann auf die linke Seite zu wechseln und auf einem Wirtschaftsweg bis zum gleichnamigen Wegpunkt zu laufen. Im Norden sehen Sie die Hohe Tatra und im Süden taucht die ungarische Tiefebene vor Ihrem Auge auf.

Kurz vor der Chata Erika, Sie sehen schon den rotweißen Funkturm hinter dem Wald aufblitzen, gabelt sich der Weg. Zur linken Seite sehen Sie einen

Gedenkstein zu Ehren des Slowakischen Nationalaufstandes. Sie nehmen diesen linken Abzweig und folgen der Asphaltstraße bis zur Hütte Erika.

Einst ein viel besuchtes Berghotel steht die Chata Erika nun schon seit 2002 leer. Verschiedenste Investoren haben bisher vergeblich versucht, die Anlage wieder in Betrieb zu nehmen. Für 2016 ist angekündigt, dass in einem renovierten Block des Hauses zumindest einfache Unterkünfte für Wanderer zugänglich gemacht werden. In der Hütte gibt es einen Kiosk, den die Slowaken Buffet nennen, wo man mit etwas Glück Kaffee, Bier oder Schokolade bekommt. Wenn niemand da ist, können Sie klingeln.

10 Min. auf dem gelben Weg braucht es bis zum Gipfel Kojšovská hoľa, auf dem sich eine Abhöranlage der slowakischen Armee befindet. Der Ausblick ist die Anstrengung wert.

Der rote Wanderweg biegt vorher an einer Informationstafel, die davon berichtet, dass im Jahre 2013 der slowakische Jakobsweg von Košice Čermeľ über Chata Lajoška, Chata Erika bis nach Levoča offiziell eröffnet wurde und weiter nach Bratislava führen soll, rechts ab.

Sie überqueren die Skipiste - die übrigens im Winter vollautomatisch betrieben wird - und passieren eine verfallene Skihütte. Gegenüber sehen Sie die rote und blaue Markierung, die Ihnen den Weg die Skipiste hinunter weist. Unten erreichen Sie den Wegpunkt Golgota.

Von nun an liegt ein „Run" vor Ihnen, d. h. eine gut ausgebaute und markierte Wanderstrecke mit einem stetigen leichten Gefälle bis zum Sattel Idčianske. Die Strecke vergeht wie im Flug. Hinter dem Sattel, bei der Abzweigung Loreley I, können Sie den gelben Wanderweg nehmen und zum gleichnamigen Aussichtspunkt wandern. Nach rund 2 km stoßen Sie wieder auf den Weg der Helden.

Wolfspuren

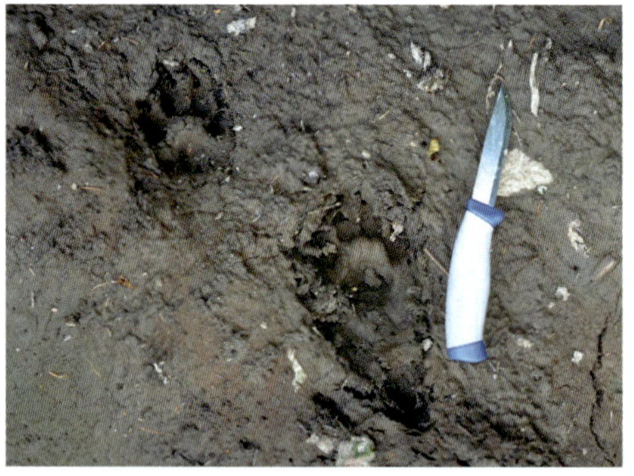

Hinter der Abzweigung befindet sich in 500 m Entfernung eine Hütte, die von dem Dorf Zlatka Idka in Eigenregie aufgestellt wurde und dem Wanderer notdürftigen Schutz bieten kann. 50 m weiter in Laufrichtung fließt auch Wasser aus einer Quelle. Auf diesem Wegabschnitt haben wir immer wieder Trittsiegel und Losungen von Wölfen gefunden. Wenn Sie in dieser Schutzhütte biwakieren, hören Sie möglicherweise die Wölfe heulen.

Bis zur Chata Lajoška ist es nur ein halbstündiger Fußmarsch. Sie ist das ganze Jahr über bewirtschaftet. Dort kann man zelten oder ein Zimmer beziehen und sich an den selbstgekochten Eintöpfen erfreuen. Die Hütte ist über 100 Jahre alt und verfügt über einen rustikalen Charme.

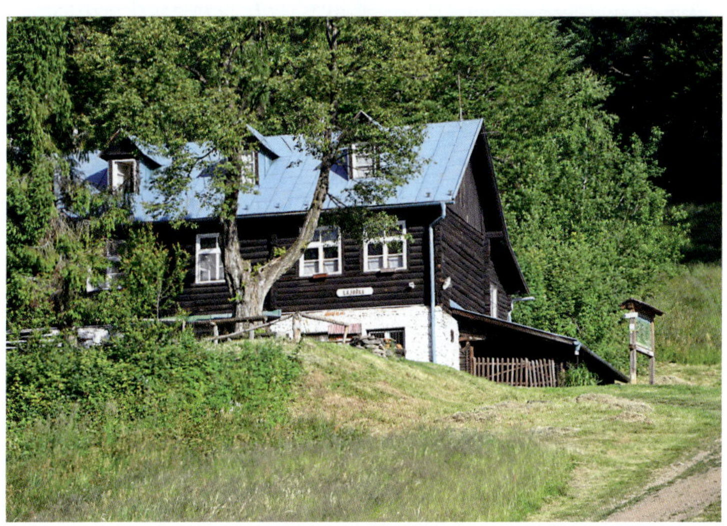

Chata Lajoška

Chata Lajoška, 09 15/87 01 02, 09 07/13 19 69, www.lajoska.sk, Ü € 8-10, (meistens Freitag bis Sonntag von 10:00 bis 22:00)

Sei steigen weitere 300 hm und 5 km ab, um bis zur Chata Jahodná zu gelangen, die schon im Einzugsgebiet von Košice liegt. Damit hat Sie die Zivilisation nach mehreren Tagen im Wald wieder in ihren Fängen. Von hier fahren übrigens auch Busse bis nach Košice. Oberhalb der Chata quert der Weg wieder die Skipiste und steigt rechts parallel zur Piste ab.

Chata Jahodná, 09 03/26 92 57, 09 03/46 99 66, www.jahodna.sk, chata@chatajahodna.sk, Mo-So 8:00-21:00

Jahodná športovo-rekreačné stredisko, 09 03/26 92 57, 09 03/26 77 32, 055/696 73 95, www.jahodna.sk, jahodna@jahodna.sk, EZ € 25, DZ € 30

Auf den nächsten Kilometern kommen Sie an drei Schutzhütten vorbei und mit hoher Chance werden Ihnen schon einige Spaziergänger mit Hund, Jogger und Mountain-Biker begegnen. Denen, die nicht nach Košice hineinlaufen wollen, empfehlen wir, beim Sattel pod Kamenným hrbom den grünen Weg Richtung Nad Kavečanmi zu nehmen. Sie ersparen sich eine Wegschleife, die nicht zu den schönsten Wegabschnitten gehört.

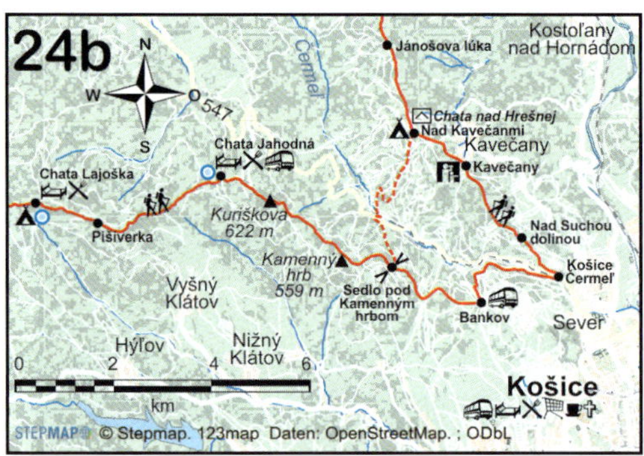

Ansonsten steigen Sie bis in den Ortsteil Bankov ab, wo Sie die Straße überqueren und durch den Park über Betonplatten weiter bergab steigen. Sie kommen an dem edel wirkenden Hotel Bankov vorbei, wo Sie die gepflasterte „Auffahrt" nehmen, denn der Wanderweg führt einige Meter oberhalb der Straße im Wald bergab und bringt Sie bis an den Stadtrand von Košice.

In Košice Čermeľ folgen Sie einfach weiter dem Straßenverlauf in Laufrichtung und gelangen in die Innenstadt.

Košice ist mit 242.066 Einwohnern die zweitgrößte slowakische Stadt. Über Jahrhunderte war sie die bedeutendste Stadt der Region, natürliches Zentrum von Handel, Gewerbe, Kultur und Bildung. Ihre schriftlich bestätigte Geschichte reicht bis zum Jahr 1230. In den ersten Urkunden wird sie als Villa Cassa erwähnt, daraus entwickelte sich das lateinische Cassovia, das deutsche Kaschau, das ungarische Kassa und letztendlich auch das slowakische Košice.

Fast alle Denkmäler befinden sich im historischen Stadtzentrum. Zentrum der Stadt ist der längliche Hauptplatz des gotischen Doms der Hl. Elisabeth. Das Bauwerk ist die größte Kirche der Slowakei und östlichste gotische Kathedrale des westlichen Typs in Europa. Vor allem im Sommer ist der Teil zwischen dem Dom und dem gegenüberliegendem Theater auch aufgrund eines „singenden" Springbrunnens sehr belebt.

Seit 1924 wird in Košice im Herbst der Internationale Friedensmarathon veranstaltet. Er ist der älteste Marathon in Europa und nach dem Boston-Marathon der zweitälteste der Welt.

Parallel zum Hauptplatz befindet sich die „Straße der Handwerke". Neben einem Bäcker findet man dort einen Kräuterladen, eine Schmiede und einen Töpferladen. Hier finden Sie kleine Geschenke und Souvenirs.

Košice

- Hotel Bankov, Dolný Bankov 2, 04001 Košice, 09 05/47 01 23, 055/632 45 22, www.hotelbankov.sk, reception@hotelbankov.sk, EZ € 59, DZ € 74
- Reštaurácia & penzión Baránok, Čermeľská cesta 67, 04001 Košice, 09 11/80 02 88, 055/ 633 43 18, www.baranok.sk, baranok@baranok.sk, EZ € 45, DZ € 55
- Hotel Centrum, Južná trieda 2 A, 04001 Košice, 09 02/75 57 55, 055/622 03 50, www.hotel-centrum.sk, info@hotel-centrum.sk, EZ € 39, DZ € 58
- Penzión Uhorský Dvor, Bočná 10, 04001 Košice, 09 15/88 92 98, 055/728 84 94, www.uhorskydvor.sk, recepcia@uhorskydvor.sk, EZ € 39, DZ € 59
- Turistická ubytovňa K2, Štúrova 32, 04001 Košice, 09 03/26 92 57, 09 03/26 77 32, 055/623 39 48, www.k2kosice.sk, bols213@gmail.com, EZ € 16,50, DZ € 24,80
- Turistická ubytovňa Košice, Bajzova 14, 04001 Košice, 09 11/64 36 82, 055/229 23 34, www.zsr.sk/slovensky/o-nas/organizacne-utvary/zavod-sluzieb-zeleznic/katalog-ubytovacich-zariadeni.html?page_id=499, zszke@zsr.sk, Ü € 12,50

25. Etappe: Košice Čermeľ - Kysak

24,7 km, 6 Std. 55 Min., ↑ 872 m, ↓ 837 m, ⇧ 910-1.290 m

0,0 km	⇧ 240 m	Košice Čermeľ
1,3 km	⇧ 382 m	Nad Suchou dolinou
4,9 km	⇧ 580 m	Nad Kavečanmi
7,0 km	⇧ 620 m	Jánošova lúka
11,8 km	⇧ 805 m	Sedlo Repy
13,2 km	⇧ 770 m	Prielohy
20,2 km	⇧ 245 m	Kysak
24,7 km	⇧ 275 m	Brezie

Von Košice laufen Sie über Feldwege am Dorfrand von Kavečany vorbei, überqueren den Sattel Repy und genießen bei Jánošova lúka die herrliche Aussicht auf das Flusstal Hornád. Von hier aus steigen Sie ab bis zum Eisenbahnkoten Kysak. Sie folgen dann dem Fluss Hornád auf der rechten Uferseite aufwärts, bis Sie Brezie erreichen.

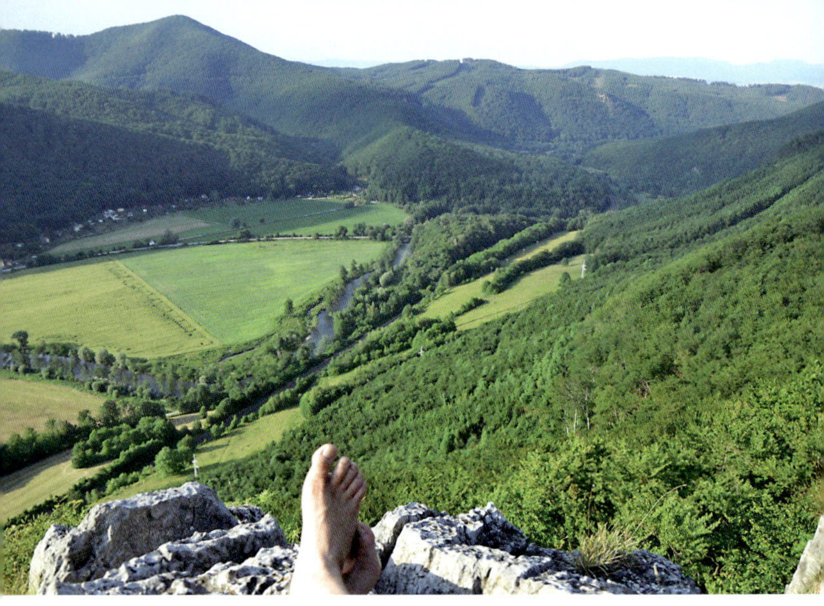

Aussicht für Genießer auf das Flusstal Hornád

In Košice Čermeľ verläuft der E8 mitten durch eine Gaststätte. Fragen Sie dort nicht nach dem Weg, der Wirt wird Sie vermutlich in die falsche Richtung schicken, so wie er es bei uns gemacht hat. Stattdessen überqueren Sie die Straße und gehen schräg links bergaufwärts auf einer asphaltierten Straße, die Sie durch ein Viertel mit Wochenendhäuschen bringt.

Markierungen fehlen komplett oder sie sind sehr verblasst. Bleiben Sie auf dem Weg bis zu dem Wegpunkt Nad Suchou dolinou, von da wandern Sie durch einen jungen Buchenwald und dann über einen Feldweg, der bei Hitze wenig kühlenden Schatten bietet. Wandern Sie bis zu der Kapelle mit drei Kreuzen aus Birkenholz und biegen Sie dann links ab.

Oberhalb des Dorfes Kavečany haben Sie zurück einen tollen Ausblick auf die Stadt Košice. Sie queren zwei Skipisten und kommen an der Chata nad Hrešnej vorbei, die allerdings nur im Winter geöffnet ist.

Danach laufen Sie lange an einer Mauer aus Betonstelzen vorbei, die vermutlich zum Košicer Zoo gehört. Der Weg führt nun in leichten Steigungen bis auf den Sattel Repy, auf dem Sie eine weitere Schutzhütte finden. In dem Naturschutzreservat Vysoký Vrch wachsen viele Silberblätter, die auch als Judaspfennig oder Mondviolen bekannt sind. Ihre reifen Schoten werden gerne für Trockensträuße verwendet.

30 Min. nach dem Wegweiser Prielohy erreichen Sie die Jánošíkova bašta, einen Felsen, der steil über das Tal ragt und einen atemberaubenden Ausblick auf den Fluss Hornád schenkt. Hier lohnt es sich, für eine längere Zeit zu verweilen, insbesondere wenn die Sonne untergeht und das Tal in verschiedene Farben taucht.

Danach liegt für rund 7 km ein prosaischer Abstieg nach Kysak vor Ihnen. Direkt hinter dem Wald befinden sich einige Wochenendhäuschen, davor eine Wasserquelle. Sie laufen am Bach Paldzínsky entlang und stoßen auf ein Phänomen, das Ihnen schon längere Zeit nicht mehr begegnet sein dürfte: Mücken!

Sollten Sie so wie wir nicht die Abzweigung rechts gen Kysak finden, so biegen Sie einfach nach

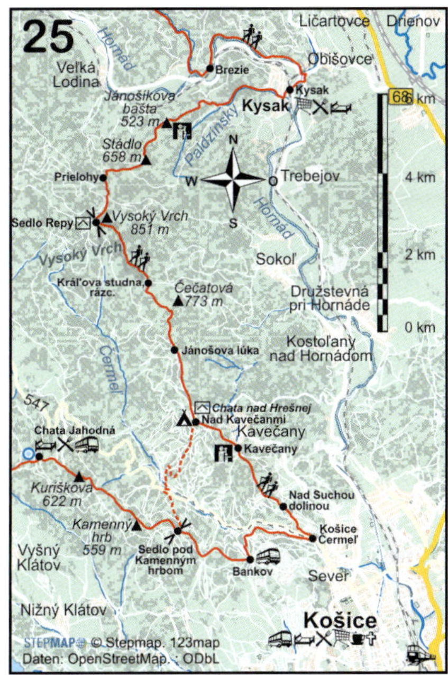

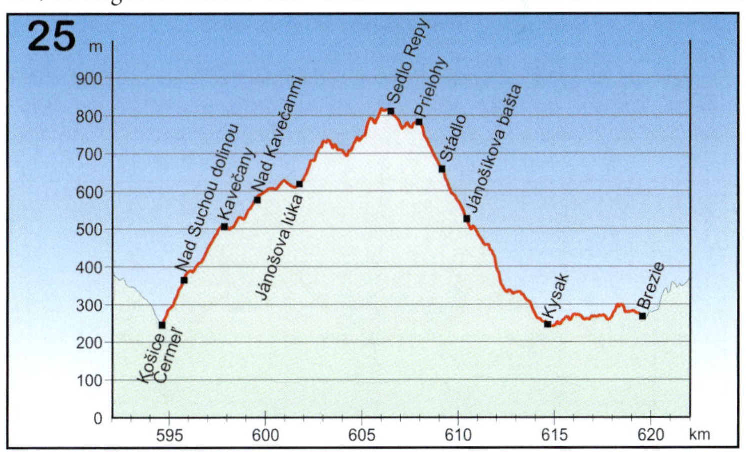

dem Friedhof rechts ab und steigen in das Städtchen hinunter. Wie immer bietet der örtliche Kirchturm eine gute Orientierung. Im Zentrum begegnet Ihnen dann wieder die rote Markierung, die Sie auf der rechten Seite, flussaufwärts gesehen, nach Brezie bringt.

Potraviny Karmen, 04481 Kysak, Mo-Fr 7:00-18:00, Sa 8:00-18:00

Bowling Bar Restaurant, Kysak 388, 04481 Kysak, neben dem Bahnhof, 09 48/75 00 12, www.bowlingrestaurant.sk, harrt13@gmail.com, Mo-Fr 9:30-21:00, Sa 10:00-22:00, So 12:00-22:00

Škola v Prírode, Kysak 324, 04481 Kysak, 09 05/52 12 73, 055/699 13 15, www.svp-kysak.sk, director@svp-kysak.sk, Ü € 10

♦ RS Dipo Kysak Brezie, 04481 Kysak, 09 05/61 13 01, 09 07/21 61 29, 055/699 13 83, www.kysak-brezie.sk, klein@stonline.sk, Ü € 7 (Es ist nur im Mai, Juni und September möglich hier zu übernachten.)

26. Etappe: Brezie - Veľký Šariš

28 km, 7 Std. 20 Min., ↑ 735 m, ↓ 745 m, ⇧ 265-448 m

0,0 km	⇧ 270 m	Brezie
6,0 km	⇧ 385 m	Prokopov mlyn
9,4 km	⇧ 310 m	Ľubovec
12,4 km	⇧ 285 m	Radatice
19,0 km	⇧ 370 m	Cemjata
22,7 km	⇧ 280 m	Malý Šariš
28,0 km	⇧ 265 m	Veľký Šariš

Entlang des Forellenbaches Sopotnica und an einer verlassenen Wassermühle vorbei führt Sie der Weg ohne nennenswerte Steigungen durch die Dörfer Ľubovec und Radatice. In dem im Wald gelegenen Kurort Cemjata können Sie

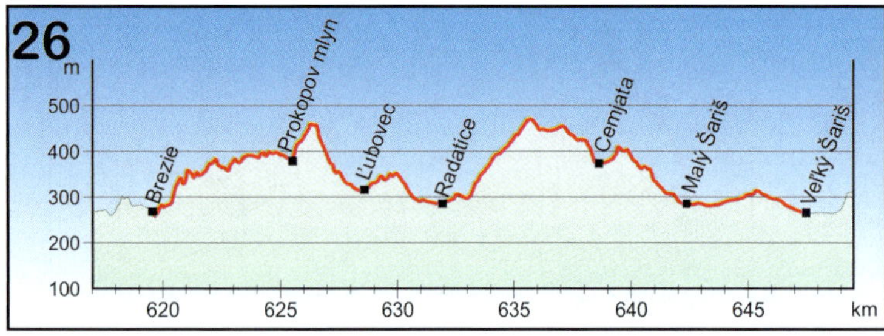

sich an einer bekannten Mineralwasserquelle stärken. Über eine wenig frequentierte Landstraße erreichen Sie Veľký Šariš, wo eins der besten Biere der Slowakei gebraut wird.

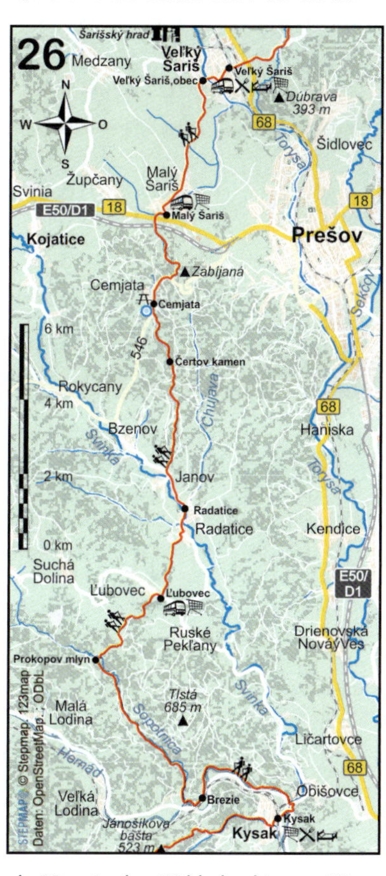

Vom Wegpunkt Brezie wandern Sie flussaufwärts entlang des Flusses Hornád. Nach kurzer Zeit stoßen Sie auf den Forellenbach Sopotnica, der in den Fluss Hornád mündet. Dahinter biegen Sie rechts ab und folgen einem asphaltierten Waldweg Richtung Norden. Nach 6 km erreichen Sie die aufgegebene Wassermühle Prokopov mlyn, wo Sie rechts den Bach überqueren. Die nächsten 3,4 km wandern Sie auf alten Wirtschaftswegen durch ein Wäldchen und erreichen über Wiesen das Dorf **Ľubovec**.

Potraviny, Ľubovec 102, Mo-Fr 6:00-14:00, Sa 6:00-12:00

In Ľubovec biegen Sie rechts auf die Dorfstraße. Hinter dem Dorfladen führt ein mit Kopfweiden bewachsener Hohlweg für ein kurzes Stück aufwärts. Sie biegen dann rechts auf eine sich in Auflösung befindliche Asphaltstraße, der Sie 2 km bis zum Dorf Radatice folgen.

Im Dorf geht es links auf die Dorfstraße und weiter bis zum Weiler Janov. Hinter der Bushaltestelle befindet sich ein Wegweiser nach rechts. Sie wandern einen Feldrain entlang, um dann nach 50 m in den Wald abzubiegen. Für die 6 km bis zum Dorf Cemjata sollten Sie rund 1 Std. 30 Min. einrechnen. Nach einer relativ langen Strecke über Asphalt wandern Sie jetzt über Waldwege, die teilweise tief zerfurcht aber stets gut markiert sind. Sie kommen an einem Wegweiser vorbei, der Sie in 12 Min. zu dem „Teufelsfelsen" (Čertov kamen) führt. Hierbei handelt es sich um einen großen, solitär liegenden Felsblock.

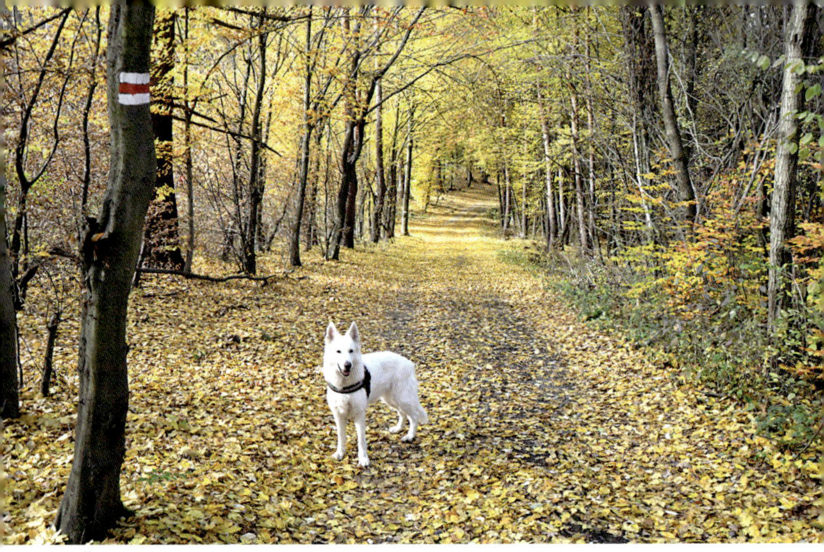

Čajka auf dem Weg hinter Radatice

In Cemjata befindet sich seit Mitte des 19. Jh. ein Kurbad. In der Dorfmitte sehen Sie einen schön angelegten Park, der sich auch gut als Rastplatz eignet. Dort finden Sie auch einen Pavillon mit einer Mineralwasserquelle.

Sie folgen der Landstraße 546 dorfauswärts und biegen am Ende der Rechtskurve links ab. Der Hügel an dieser Stelle heißt Zabíjaná, was man grob mit „töten" übersetzen könnte. An diesem Hügel trafen sich Adelige aus dem Königreich Ungarn, um sich mit Schusswaffen zu duellieren. Am 8. Januar 1881 hat hier das letzte offizielle Pistolenduell stattgefunden. So ist es vielleicht nicht ganz überraschend, dass der Weg über eine Paintball-Anlage und dann über einen Schießplatz führt.

Danach unterqueren Sie die Autobahn, überqueren die Landstraße 18 und erreichen den Rand von **Malý Šariš**.

COOP Potraviny, Malý Šariš 315, 08001 Malý Šariš, Mo-Fr 6:00-17:30, Sa 6:00-12:30

Nun laufen Sie für 1 Std. über wenig befahrene Dorfstraßen bis Veľký Šariš. In der Stadtmitte von Veľký Šariš biegt der gelbe Weg ab, der Sie in einer 1 Std. zur Burg bringt, die sich auf dem Hügel oberhalb der Stadt befindet. Ein Besuch ist sehr empfehlenswert! Die Burg gehört zu den größten mittelalterlichen Burgruinen in der Slowakei. Außerdem ist der Ausblick bei klarer Sicht ein wahrer Genuss.

Das Gelände der ♜ Burg Šarišský hrad gehört zu den größten Burgkomplexen in der Slowakei. Die Geschichte der Burg begann im 13. Jahrhundert kurz nach dem Einfall der Mongolen in Europa. Der ungarische König Béla IV. ordnete den Bau der Burg zum Schutz der Handelswege an. Bei einer Pulverexplosion im Jahr 1660 wurde die Burg schwer beschädigt und verfiel. Seit dem Jahre 2006 gehört die Burg der Stadt Veľký Šariš. Heute versuchen einige Bürgerinitiativen die Ruine zu retten und attraktiver zu machen.

Die Burg Šarišský hrad

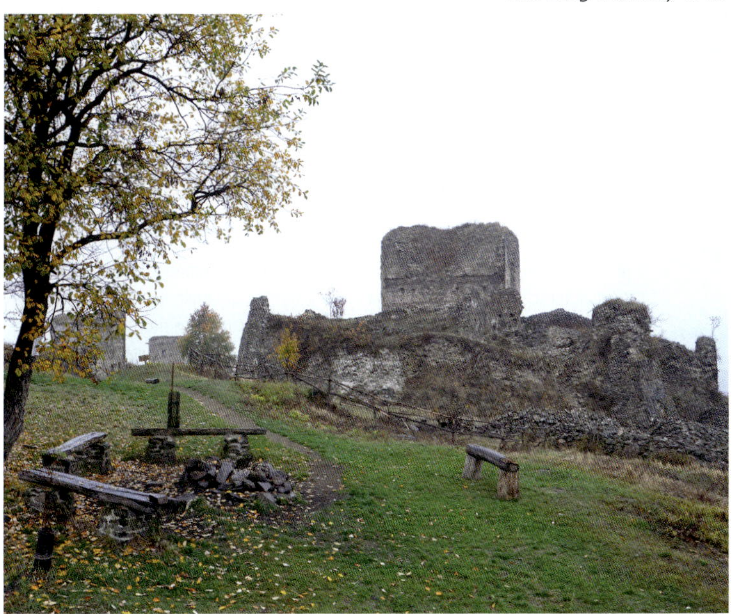

Ansonsten gehen Sie weiter geradeaus. Am Stadtrand von **Veľký Šariš** werden Sie auf der linken Seite nicht die Brauerei übersehen, die mit Šariš eines der bekanntesten Biere der Slowakei braut. Wenn Sie die Landstraße 68 überqueren, kommen Sie unmittelbar am Šariš-Park vorbei, einem Komplex mit Pension, Restaurant, Reiterhof, Wellness-Center und einem kleinen Schmiedemuseum.

🛏 Šariš Park, Železničná 1900, 08221 Veľký Šariš, ☎ 051/747 04 22,
💻 www.sarispark.sk, ✉ recepcia@sarispark.sk, EZ € 43, DZ € 59, 🍴

27. Etappe: Veľký Šariš - Sedlov Čergov

21 km, 6 Std., ↑ 905 m, ↓ 255 m, ⇧ 265-920 m

0,0 km	⇧ 265 m	Veľký Šariš
4,2 km	⇧ 324 m	Kanaš
10,7 km	⇧ 375 m	Terňa
14,6 km	⇧ 565 m	Hradisko
17,8 km	⇧ 800 m	Nad Závadkou
21,0 km	⇧ 920 m	Sedlov Čergov

Vor Ihnen liegt eine leichte Etappe, bei der Sie durch die Dörfer Kanaš, Terňa und Hradisko wandern, um danach einen angenehm zu gehenden Anstieg über 545 m bis zu der Hütte Čergov zu bewältigen.

Sie folgen der Asphaltstraße bis zu dem Dorf **Kanaš**. Am Dorfende biegen Sie bei der Bushaltestelle rechts in den Wald ab. Vom Dorf bis zum Wegpunkt Sedlo Stráže brauchen Sie rund 45 Min. Kurz vor dem Sattel ist die Markierung gelegentlich schwer einzusehen.

Potraviny Kanaš, 08221 Kanaš, www.facebook.com/pages/Potraviny-Kana%C5%A1/203568239682141, Mo-Sa 7:00-12:00 (der Lebensmittelladen kann jederzeit geöffnet werden, bitte in der daneben liegenden Kneipe fragen)

Chata pod Strážou, Šarišská 1916, 08221 Kanaš, 09 11/23 60 22, 09 18/16 07 77 www.chatapodstrazou.wbl.sk, stefan.danco1@gmail.com, Ü € 15

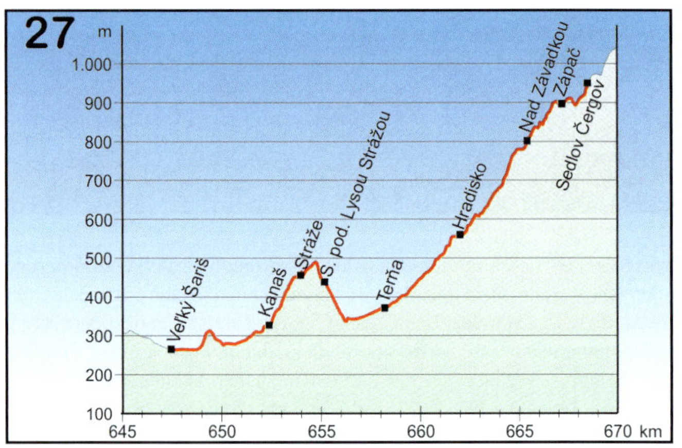

Ungefähr 1,5 km hinter dem Sattel ist auf den Wanderkarten eine Quelle eingezeichnet, die wir aber auf unseren Recherchewanderungen nicht finden konnten. Nun betreten Sie eine weitflächige Wiese. Achten Sie auf die typischen Wegweiser-Stangen mit einem pilzförmigen Dach. Diese werden Sie über die Wiesen geleiten.

Die Wiesen wechseln in Felder über und Sie erreichen das Dorf **Terňa**.

COOP Jednota Prešov, Terňa, Hlavná 164, 08267 Terňa, ☏ 051/459 52 09, Mo-Fr 7:00-17:30, Sa 7:00-12:00

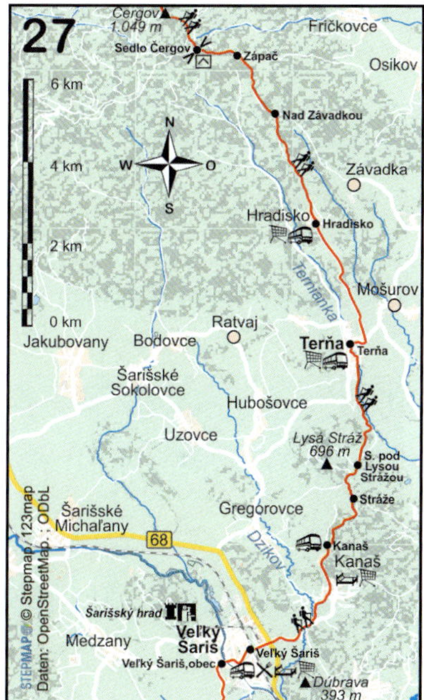

In Terňa folgen Sie der Dorfstraße rechts. Sie kommen an einem Lebensmittelladen vorbei und finden am Dorfende einen blauen Wegweiser für Autos mit der Aufschrift „Hradisko". Die nächsten 3 km gehen Sie über eine schlaglöchrige Straße. Von Weitem werden Sie schon die Dorfkirche am Horizont sehen, die auf einem Hügelchen oberhalb des Dorfes liegt.

Potraviny Hradisko, Hradisko 39, Di, Do 16:00-18:00, Sa 8:00-11:00

Im Dorf schickt Sie der Wegweiser über einen sandigen Feldweg mit leichten Steigungen bergauf. Dabei werden Sie immer wieder mit weiten Ausblicken in die bewaldeten Nachbartäler belohnt. Nach einer 1 Std. erreichen Sie den Wegpunkt Nad Závadkou, der auf ⇧ 800 m liegt.

Der Weg wurde so geschickt angelegt, dass Sie die 300 Höhenmeter kaum merken, die Sie auf leicht ansteigenden Bergrücken bis zur Chata Čergov überwinden. Die Berghütte ist ganzjährig geöffnet. Außerhalb der Saison oder bei schlechtem Wetter sollten Sie klingeln, falls die Tür zur Gaststube verschlossen ist.

Chata Čergov, 09 10/28 16 93, www.chatacergov.jankaaspol.sk, chatacergov@jankaaspol.sk, Ü € 8,50,

In den Wirren des 2. Weltkrieges wurde die Berghütte komplett niedergebrannt, aber nach Kriegsende wieder aufgebaut. Auf dem Sattel gibt es eine Ansammlung weiterer Hütten, u. a. eine Vereinshütte des Slowakischen Wanderverbands KST.

28. Etappe: Sedlov Čergov - Bardejov

23 km, 6 Std. 20 Min., ↑ 580 m, ↓ 1.225 m, ⇧ 270-1.023 m

0,0 km	⇧ 920 m	Sedlov Čergov
2,5 km	⇧ 1.023 m	Chochuľka
4,6 km	⇧ 1.019 m	Bukový vrch
9,2 km	⇧ 895 m	Sedlo Žobrák
12,2 km	⇧ 460 m	Hervartov
18,1 km	⇧ 503 m	Miháľov
23,0 km	⇧ 270 m	Bardejov BANK

Sie durchqueren das Gebirge Čergov und überqueren eine Reihe von „Tausendern“. Der Wegverlauf verläuft streckenweise über Bergwiesen mit Orchideen und weiten Aussichten. Über einen Kreuzweg steigen Sie in das Dorf Hervartov ab, in dem Sie an einer typisch karpatischen Holzkirche aus dem 14. Jh.

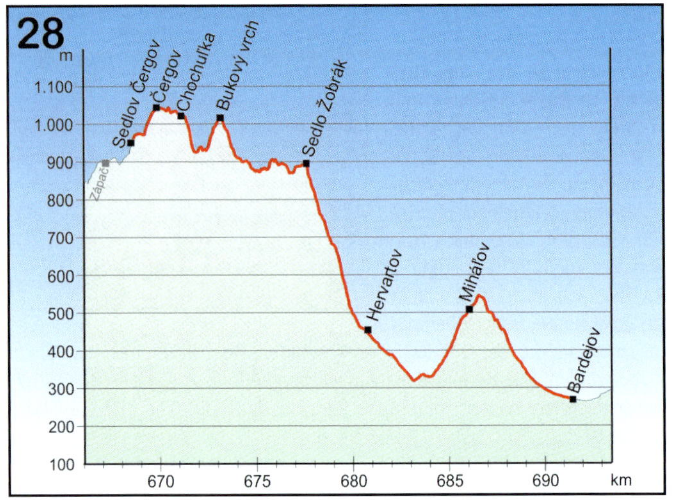

vorbeikommen. Nach Miháľov erreichen Sie schon das wunderschöne mittelalterliche Städtchen Bardejov.

Sie bleiben auf dem Höhenweg und überqueren den Gipfel Čergov, der namensgebend für das Gebirge ist. Immer wieder werden Sie Kammabschnitte sehen, die durch Beweidung unbewaldet sind und im Sommer in bunter Blütenpracht erblühen. Bei dem Gipfel Chochuľka trennen sich die beiden Europäischen Fernwanderwege E8 und E3, die eine Zeitlang parallel liefen.

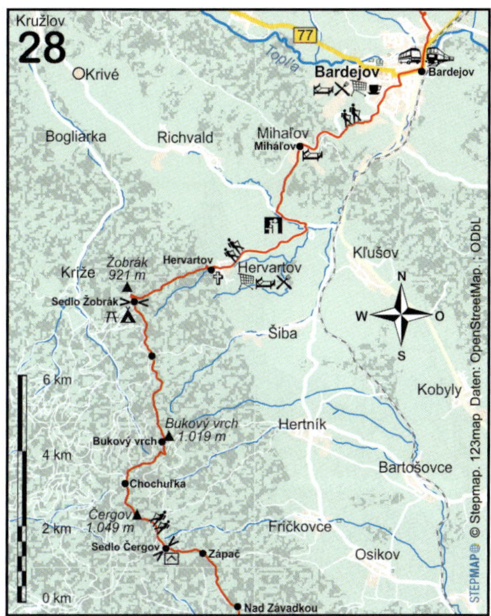

Bei Bukový Vrch biegen Sie in den Wald ab. Eine Zeitlang ist der Weg nicht gut ausgetreten. Achten Sie auf die Markierungen, die gut sichtbar in kurzen Abständen angebracht sind. Nach 4,5 km erreichen Sie den Sattel Žobrák. Hier steht ein Aussichtsturm, in dem sich im ersten Geschoss auch biwakieren lässt.

Im Osten sehen Sie die beiden Dörfer Hervartov und Miháľov, durch die der E8 führt. Hinter dem Kruzifix mit den Sitzbänken steigen Sie rechts steil in das Dorf **Hervatov** ab. Sie kommen an einer Reihe von Kruzifixen vorbei, weil der Aufstieg vom Dorf als Kreuzweg gestaltet ist.

Potraviny Kotva Hervartov, Hervartov 84, 09 48/04 59 92, Mo-Fr 7:00-16:30, Sa 6:00-12:00

Ubytovanie informačné centrum, Hervartov 158, 09 18/67 82 60, www.hervartov.sk, obec.hervartov@post.sk, Ü €10

Motorest Jose, Kľušovská Zábava, 08501 Bardejov, www.motorestjose.sk, info@motorestjose.sk, 09 18/23 31 79, Mo-So 10:00-22:00 (ungefähr 3 km vom Wanderweg, liefern Essen auch an)

Wenn Sie aus dem Wald treten, stehen Sie vor einem Haus(bau) - folgen Sie hier der Spitzkehre rechts bergab. Sie stoßen auf einen Bach, hinter dem sich ein Wegweiser befindet. Allerdings führt der Weg vor dem Bach links bergab ins Dorf hinein.

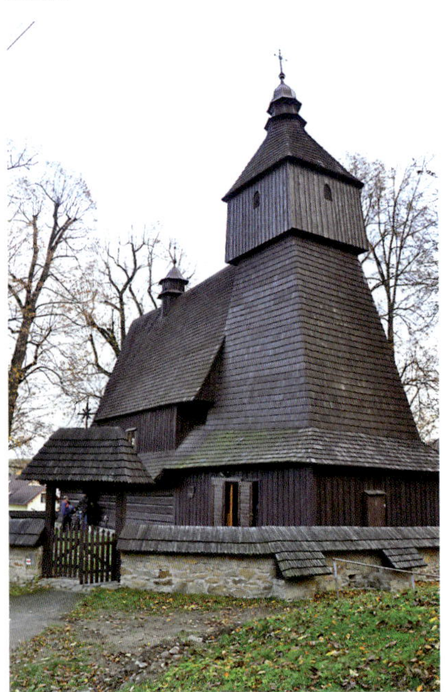

Die römisch-katholische Holzkirche des heiligen Franziskus von Assisi Hervatov

Nach einer kurzen Weile erreichen Sie die römisch-katholische Holzkirche des heiligen Franziskus von Assisi ✞. Die aus dem 14. Jh. stammende Kirche ist die älteste Holzkirche in der Slowakei und steht seit 2008 in der UNESCO-Liste des Welterbes. Vor der Kirche im Aushang hängt eine Handynummer, die Sie anrufen können, falls die Kirche verschlossen ist.

Weiter geht es entlang der Dorfstraße bergab, wobei Sie einen Lebensmittelladen und eine Kneipe passieren. An der T-Kreuzung biegen Sie links ab, um nach 1 km rechts einen Feldweg gen Miháľov aufzusteigen. Sie sollten sich ab und zu einmal umdrehen, weil sich von hier aus schöne Blicke auf das Gebirge Čergov bieten, das Sie durchquert haben.

In **Miháľov** folgen Sie der einzigen Asphaltstraße, bis Sie außerhalb des Dorfes beim Hotel Bellevue die Straße für eine Weile verlassen, um sie dann wieder zu betreten. Dabei steigen Sie bis in das mittelalterliche Stadtzentrum von **Bardejov** ab.

🛏 Privát U Jozefa, Miháľov 40, 08501 Bardejov, 📱 09 08/33 89 51, 09 07/35 98 55, ☏ 054/472 47 19, 💻 www.privat-ujozefa.sk, ✉ info@privat-ujozefa.sk, Ü € 11,50, 🐕

♦ Hotel Bellevue, Mihaľov 2503, 08501 Bardejov, ☏ 054/472 84 04, 💻 www.bellevuehotel.sk, ✉ info@bellevuehotel.sk, EZ € 64, DZ € 88

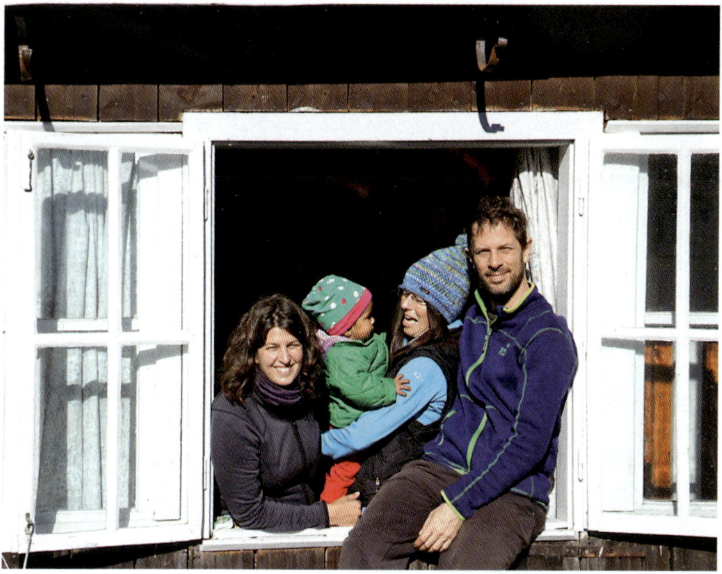

Nette Menschen unterwegs

Bardejov

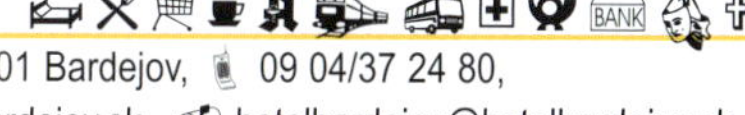

- Hotel Bardejov, Toplianska 23, 08501 Bardejov, 09 04/37 24 80, 054/488 34 87, www.hotelbardejov.sk, hotelbardejov@hotelbardejov.sk, EZ € 38, DZ € 50,
- Hotel ARTIN, Fučíkova 25, 08501 Bardejov, 09 05/61 81 18, 054/472 29 78, www.hotelartin.sk, hotelartin@hotelartin.sk, EZ € 31, DZ € 44,
- Penzión Le Monde, Poštová 1, 08501 Bardejov, 09 48/63 61 00, www.penzionlemonde.sk, info@penzionlemonde.sk, EZ € 29, DZ € 39,
- Penzión Magura, Andraščíkova 31, 08501 Bardejov, 09 11/44 42 13, www.penzionmagura.sk, info@penzionmagura.sk, EZ € 27,50, DZ € 39,
- Školský internát pri SPŠ v Bardejove, Ul. sv. Jakuba 28, 08501 Bardejov, 09 07/07 80 80, 054/472 24 50, www.spsbj.edu.sk/ubytovanie-a-stravovanie, skola@spsbj.svcmi.sk, Ü € 7
- Ubytovňa pri HA Bardejov, Pod Vinbargom 3, 08501 Bardejov, 054/488 51 26, www.habj.sk, skola@habj.sk, EZ € 14, DZ € 24,

29. Etappe: Bardejov - Andrejová

22,5 km, 6 Std. 35 Min., 150 m, 90 m, 270-900 m

0,0 km	270 m	Bardejov
5,0 km	330 m	Bardejovské Kúpele
7,2 km	520 m	Sedlo Čerešňa
11,3 km	900 m	Stebnická Magura
16,5 km	320 m	Zborov, Podhradie
18,3 km	320 m	Zborov
20,8 km	453 m	Sedlo pod Hradským
22,5 km	333 m	Andrejová

Alternative Wegführung:

16,5 km	320 m	Zborov, Podhradie Gelbe Markierung
18,1 km	455 m	Zborov, hrad Markierung Rote Burg auf weißem Grund
20,0 km	453 m	Sedlo pod Hradský Rote Markierung E8
21,7 km	333 m	Andrejová

Stadtauswärts laufen Sie an dem jüdischen Friedhof vorbei und passieren den Kurort Bardejovské Kúpele, der sich für eine Pause anbietet. Über den Sattel Čerešňa erreichen Sie den Berg Stebnická Magura auf 900 m. Von hier aus steigen Sie zum Wegpunkt Zborov, Podhradie ab. Dort können Sie entweder links abbiegen und durch das Dorf Zborov laufen oder Sie nehmen den gelben Weg und steigen zu der Burgruine auf. Wir empfehlen die Besichtigung der Burg! Von da aus haben Sie wieder Anschluss an den roten Wanderweg, der Sie durch Buchenwälder in das Dorf Andrejová führt.

Bardejov wurde bereits im Jahr 2000 in die UNESCO-Welterbeliste eingetragen. Die Stadt entwickelte sich aus einer slawischen Siedlung, in die im 13 Jh. deutsche Siedler einzogen. Die größte Blütezeit erlebte Bardejov dank Handel und Handwerk im 15. Jahrhundert. Das historische Stadtzentrum besteht aus altertümlichen Bürgerhäusern mit typischen Giebelfronten. Der Marktplatz ist rechteckig. Die Stadtbefestigung ist das am besten erhaltene militärische Befestigungssystem in der Slowakei. Neben steinernen Wällen haben sich auch 2 Tore und 9 Basteien erhalten. Bardejov gilt als die „gotischste" Stadt der Slowakei.

In der Mitte des Marktplatzes steht das Rathaus, vermutlich das erste Gotik-Renaissancegebäude in der Slowakei. Es wurde im frühen 16. Jahrhundert erbaut und diente ursprünglich einem doppelten Zweck: Im Obergeschoss (dem Renaissance-Teil) tagte der Rat über einer Markthalle im Erdgeschoss mit gotischen

Arkaden. Auf dem Gebäude befinden sich 118 Steinstatuen. Eine kleine Statue verkörpert einen Jungen, der einen nackten Hintern zeigt. Der Erzählung nach haben Bauleute seinerzeit eine bestimmte Summe mit dem Stadtrat für den Bau des Rathauses verabredet. Obwohl sie den Bau rechtzeitig beendeten, bekamen sie das Geld nicht. Aus Rache und Warnung für andere hat dann ein Handwerker in der Nacht die Statue angebracht, die mit ihrem Allerwertesten auf das Haus des Bürgermeisters zeigt. In der Nähe des Stadtzentrums befinden sich teilweise erhaltene jüdische Badeorte und Synagogen.

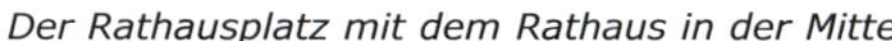

Der Rathausplatz mit dem Rathaus in der Mitte

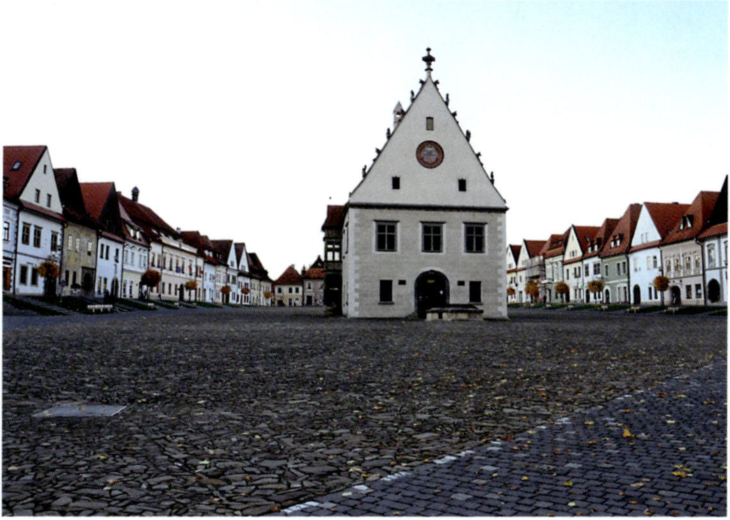

Folgen Sie den gut sichtbaren Markierungen gen Norden. Bei dem Elektroladen Pro Elektro biegen Sie links ab. Auf der rechten Seite kommen Sie an einem jüdischen Friedhof vorbei. Direkt dahinter biegen Sie links ab und laufen durch eine Siedlung mit Familienhäusern. Danach laufen Sie auf einem Feldweg bis zu dem Kamm Kamennej hory, wo Sie der rechten Abzweigung folgen, die nicht auf den ersten Blick ersichtlich ist.

Durch den Wald führt ein Weg mit Infotafeln zu der Geschichte der Region, in der Hügelgräber aus der Bronzezeit gefunden wurden. Danach erreichen Sie den Kurort Bardejovské Kúpele.

Die erste Erwähnung des Kurorts Bardejovské kúpele stammt aus dem 13. Jh. Seit dem 15. Jh. finden hier Kurbehandlungen statt. Viele bekannte Persönlichkeiten aus der Geschichte haben den Kurort besucht, u. a. der russische Zar Alexander I. oder Marie Luise die Ehefrau von Napoleon. Kaiserin Elisabeth, bekannt als Sissi, hat dem Bürgermeister von Bardejov aus Dank einen Ring geschenkt, der im Museum des Rathauses ausgestellt ist.

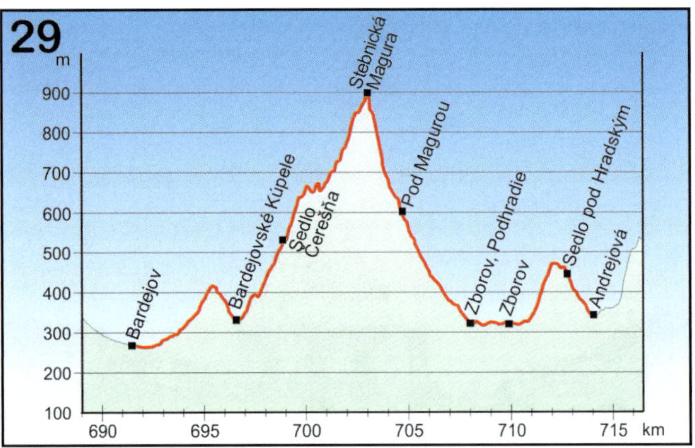

Bardejovské Kúpele

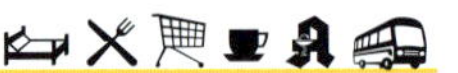

- Penzión Augustineum, Bardejovské kúpele 63, 08631 Bardejov, ☏ 054/474 23 23, augustineum.sk, info@augustineum.sk, EZ € 20, DZ € 36
- ♦ Penzión Jaja, Bardejovské kúpele 5, 08631 Bardejov, 09 08/37 80 84, www.jajapenzion.webzdarma.cz, jarmilalenkova@centrum.sk, EZ € 17, DZ € 30

Der Wanderweg führt links an dem Zentrum vorbei. Sie kommen an einem sehenswerten Freilichtmuseum vorbei.

Dieses Freilichtmuseum war das erste Museum dieser Art in der Slowakei. Seit 1965 macht es das Dorfleben mit typischen Handwerken und Trachten anschaulich. Es gibt hier 24 Häuser und 2 Kirchen aus dem 18. Jh., die aus der Umgebung hierhin verlegt wurden.

⌘ Skanzen - Múzeum ľudovej architektúry, 08631 Bardejovské Kúpele, ☏ 054/472 20 72, www.muzeumbardejov.sk, Di-So 09:30-12:00, 12:30-16:30, € 2

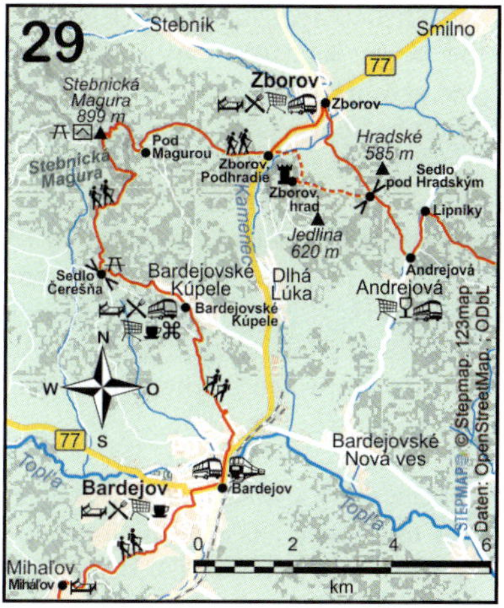

Am Ende des Städtchens biegen Sie hinter der Pension Villa Palmira links in den Wald ab. Sie steigen nun bis auf den 518 m gelegenen Sattel Čerešňa. Hier gibt es eine Schutzhütte, die sich für eine Rast anbietet.

Von hier aus steigen Sie kontinuierlich auf bis zu dem Gipfel Stebnìcka Magura. Der Gipfel ist bewaldet und bietet keine Aussichten. Stattdessen können Sie sich an dem hölzernen Xylofon erfreuen, das unter der Schutzhütte hängt.

Der Weg führt ostwärts in steilen Serpentinen bergab. Teilweise müssen Sie über umgestürzte Bäume klettern. Bei dem Wegpunkt Pod Magurou laufen Sie auf dem gelben und dem roten Wanderweg bis zu der Landstraße 77 / 545.

Am Wegpunkt Zborov podhradie können Sie sich entscheiden, ob Sie dem roten Wanderweg folgen und einen Schlenker durch Zborov machen oder auf dem gelben Wanderweg zur sehenswerten Burg Zborov wandern möchten.

Zborov

CBA Potraviny, Zborov, Mo-Fr 6:30-19:00, Sa 6:30-12:00

Pizzeria Casa Locrandi Zborov, im Einkaufzentrum, 09 04/53 57 86, lunata@centrum.sk, Mo-Do 8:00-22:00, Fr 8:00-23:00, Sa 14:00-23:00, So 14:00-22:00 (Pizzalieferdienst 09 49/67 86 89)

Penzión Jana, Zákutie 2, 08633 Zborov, 09 03/63 37 64, 054/479 84 08, janamato@mail.t-com.sk, EZ € 15, DZ €20

◆ Penzión Paloma, Obrancov Mieru 7, 08633 Zborov, 09 03/35 71 70, € 10,

Variante roter Wanderweg Zborov:

Links auf Landstraße 77 bis nach Zborov. Im Ort biegen Sie bei der Kirche rechts ab. Sie kommen an Häusern vorbei, in denen Menschen leben, denen es offensichtlich finanziell nicht gut geht. Die meisten von ihnen dürften Roma sein. Sie gehen weiter bachaufwärts, biegen dann links ab und steigen über eine Wiese auf den Sattel pod Hradským. Hier haben Sie wieder Anschluss an den roten Wanderweg E8.

Variante gelber Wanderweg über Burg Zborov:

Sie biegen links auf die Asphaltstraße und sofort wieder rechts ab. Es geht runter zu dem Bach Kamenec, den Sie überqueren, um sich unmittelbar danach links, bachabwärts zu halten. Sie folgen den verwitterten Informationstafeln und erreichen die Burg von der Ostseite

Die ♜ Burg Zborov entstand im 13. Jahrhundert und wurde auch Makovica genannt. Sie diente wahrscheinlich zum Schutz des ungarischen Grenzgebietes und des Handelsweges nach Polen. Sie befand sich im Besitz verschiedener Familien, bis sie 1601 von den Rákóczi gekauft wurde. Bei den Aufständen gegen die Habsburger wurde die Burg 1684 stark beschädigt und bei den Kämpfen im Ersten Weltkrieg zerstört.

Um den roten Wanderweg E8 zu erreichen, folgen Sie den Wegweisern mit der roten Burg auf weißem Grund. Der Weg führt zunächst durch den Wald, reichlich zugewachsen, um dann auf eine Wiese zu stoßen. Sie hangeln sich rechts am Waldrand entlang, bis Sie an der gegenüberliegenden Waldseite wieder ein rotes Burgzeichen finden. Folgen Sie dem Weg, bis Sie den klassischen Wegweiser in Pilzform finden. Damit haben Sie den E8 wieder erreicht.

Von hier steigen Sie bis in das Dorf **Andrejová** ab. Beim Übergang zwischen Wald und Wiese verlieren sich die Markierungen. Am besten halten Sie auf den Kirchturm zu und folgen den Traktorspuren auf der Wiese bis ins Dorf.

Lebensmittelladen Potraviny, Andrejová 13, 086 37 Andrejová, Di-Fr 7:00-11:00 und 18:00-20:00

Kneipe Krčma, Andrejová 13, 086 37 Andrejová, 18:00-20:00

30. Etappe: Andrejová - Svidník

24,8 km, 7 Std. 10 Min., ↑ 1.070 m, ↓ 1.173 m, ⇧ 220-585 m

0,0 km	⇧ 333 m	Andrejová
7,7 km	⇧ 515 m	Kohútov
11,0 km	⇧ 310 m	Kurimka
13,5 km	⇧ 510 m	Lazová lúka
21,2 km	⇧ 585 m	Ostrý vrch
24,8 km	⇧ 220 m	Svidník BANK ✞

Die Etappe führt Sie durch zwei große, einsame Waldgebiete, die teilweise schlecht markiert sind, mit guten Chancen, auf dem Weg Hirschen oder Wild-

schweinen zu begegnen. In Kurimka, dem einzigen Dorf auf der Strecke, können Sie in der urigen Dorfkneipe einkehren. Nach 25 km erreichen Sie Svidnik, die letzte Stadt vor dem Duklapass.

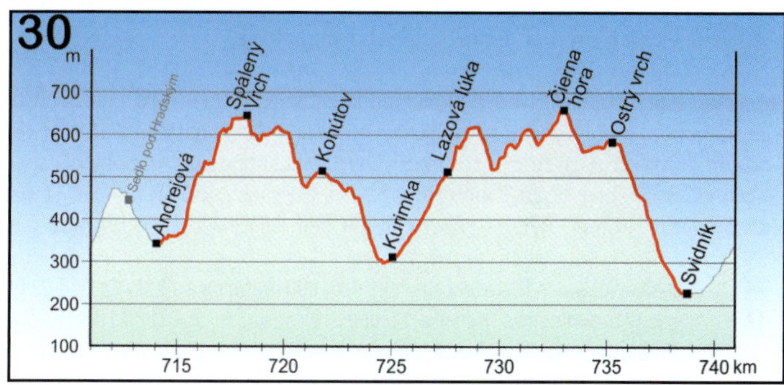

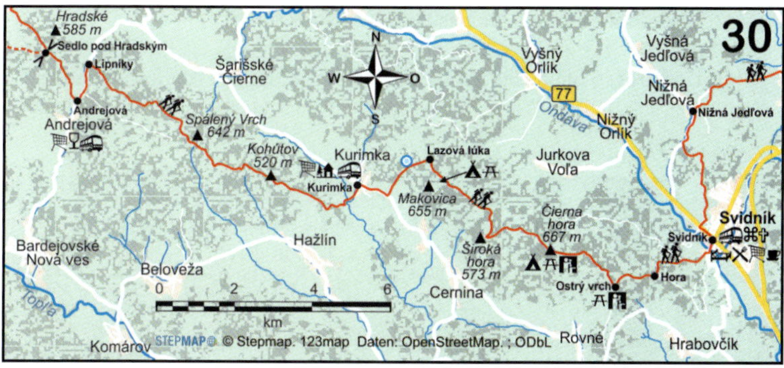

In Andrejová folgen Sie der Dorfstraße nordwärts. Nach 1 km erreichen Sie den Wegpunkt Lipníky. Hier geht es im rechten Winkel weglos über eine Wiese bergauf. Sie werden eine gelbe Stange mit roter Markierung bemerken, halten Sie darauf zu. Dahinter fängt ein Weg an, der für 1 Stunde in schlechtem Zustand ist: streckenweise erodiert, schwer erkennbarer Wegverlauf, verwitterte und streckenweise fehlende Markierungen, umgestürzte Bäume auf dem Weg.

☝ Achten Sie auf den groben Wegverlauf: Steigen Sie hoch bis auf den Kamm und folgen Sie dessen Verlauf. Nur in unregelmäßigen Abständen finden Sie hier Markierungen.

Mit dem Berg Spálený Vrch kommen Sie an der mit 642 m höchsten Erhebung der heutigen Etappe vorbei. Weiter geht es zum Wegpunkt Kohútov. Dahinter stoßen Sie auf eine Wiese. Halten Sie sich links. Sie kommen an einem Funkturm vorbei und steigen ins Dorf Kurimka ab. Am Dorfrand türmen sich die Abfälle einer wilden Müllkippe - kein schöner Anblick.

Auf dem Ortsschild wird **Kurimka** mit lateinischen und kyrillischen Buchstaben geschrieben, weil hier eine russinische Minderheit lebt. Russinen sind eine ostslawische Bevölkerungsgruppe, die in der Karpatenukraine und im polnisch-slowakischen Grenzgebiet leben. Untergruppen der Russinen sind als Lemken, Huzulen und Bojken bekannt. Russinisch ist eng mit dem Ukrainischen verwandt.

Lebensmittelladen Potraviny, Kurimka 135, 09016 Kurimka, Mo-Fr 7:30-13:00

 Obecný Úrad Kurimka, Kurimka 12, 09016 Kurimka, ☏ 054/788 11 48, obeckurimka@stonline.sk, www.kurimka.wbl.sk, Ü € 4. Die Unterkunft befindet sich in der ehemaligen Grundschule. Man sollte sich telefonisch anmelden oder in der Woche bis 15:30 Uhr zum Bürgermeisteramt kommen.

Im Dorf biegen Sie rechts auf die Asphaltstraße. Nach 1 km folgen Sie dem Wegweiser links auf die Wiese. Sie kommen an einer Quelle mit offener Schutz-

Offene Schutzhütte hinter Kurimka

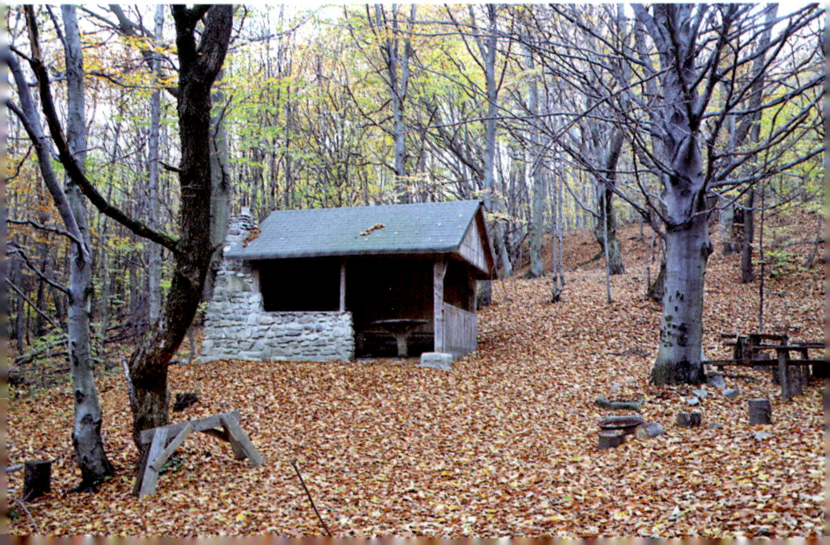

hütte vorbei, an der Sie auch biwakieren können.

Danach steigen Sie auf den Kamm auf. Beim Gipfel Makovica hat die Freiwillige Feuerwehr ein Denkmal zu Ehren des Heiligen Florian errichtet. Auch hier befindet sich eine offene Schutzhütte mit Quelle.

Von hier führt ein angenehm zu laufender Höhenweg bis zum Berg Čierna hora, auf dem sich ein Aussichtsturm befindet. Außerdem finden Sie hier eine gemütliche Schutzhütte mit Kamin vor.

Der Weg führt weiter durch einen lichten Birkenwald bis zu dem Aussichtspunkt und Rastplatz Ostrý vrch auf ⇧ 599 m. Von hier aus steigen Sie 1 St. bis zur Stadt Svidník ab.

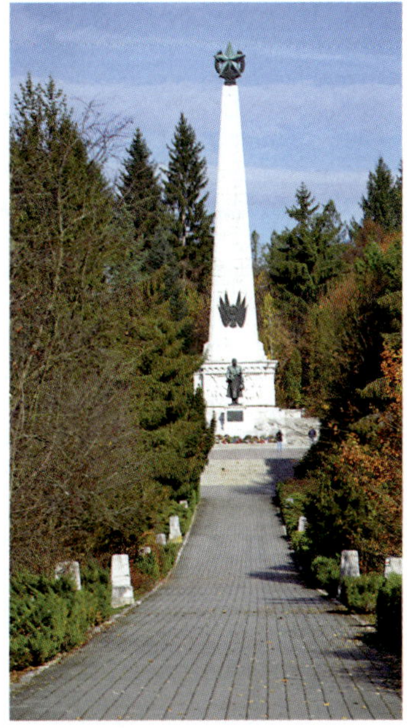

Denkmal der sowjetischen Armee

Svidník wurde urkundlich erstmalig im 14. Jh. erwähnt. In der Stadt befindet sich ein bedeutendes Kriegsmuseum, das sich mit den Schlachten am Duklapass im Ersten und Zweiten Weltkrieg beschäftigt. Sehenswert ist ebenfalls das Freilichtmuseum mit seinem Bestand an alten Holzhäusern und Kirchen sowie die Dezider Milly Galerie mit einer wertvollen Ikonensammlung.

⌘ Military Historical Museum - Vojenské museum Svidník, Bardejovská 14, 08901 Svidník, 054/752 13 98, www.vhu.sk, vhmsvidnik@vhu.sk, Di-So 9:00-17:30

⌘ Freilichtmuseum - Národopisná expozícia v prírode, skanzen Svidník, Nad svidníkkym amfiteátrom, 08901 Svidník, 054/75 22 95 20, www.muk.sk, muzeum@muk.sk, Di-Fr 8:30-18:00, Sa-So 10:00-18:00

Svidník

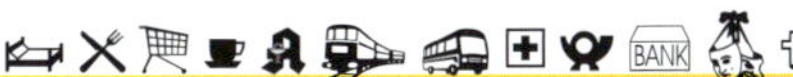

Hotel Rubín, Centrálna, 08901 Svidník, 054/752 42 10, www.hotelrubin.sk, hotelrubin@stonline.sk, EZ € 17, DZ € 27

♦ Hotel Dukla Senior, Sovietskych hrdinov 221/36, 08901 Svidník, 054/752 32 33, miron.krajkovic@centrum.sk, EZ € 14, DZ € 28

31. Etappe: Svidník - Dukliansky priesmyk

➲ 26,4 km, ⌛ 7 Std., ↑ 800 m, ↓ 530 m, ⇧ 220-500 m

0,0 km	⇧ 220 m	Svidník
4,4 km	⇧ 285 m	Nižná Jedľová
7,5 km	⇧ 255 m	Kapišová
13,5 km	⇧ 355 m	Vyšná Písaná
23,6 km	⇧ 395 m	Pod Zvezlom
26,4 km	⇧ 500 m	Dukliansky priesmyk

In Svidník passieren Sie den Soldatenfriedhof und laufen dann über Land durch mehrere Dörfer. Hinter Kapišová betreten Sie das Tal des Todes (Ùdolie smrtie), in dem während des Zweiten Weltkrieges vom September bis November 1944 eine verlustreiche Panzerschlacht stattgefunden hat. Rechts und links des Weges finden Sie dazu Infotafeln und Kriegsgerät wie Panzer und Flugzeuge.

Nach dem Dorf Medvedie durchqueren Sie das Landschaftsschutzgebiet Ostkarpaten und steigen dann auf einer Nebenstraße bis zum Duklapass auf.

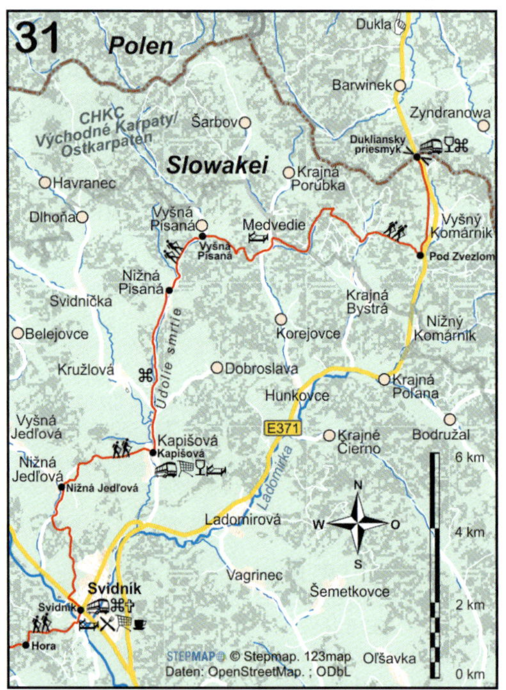

In Svidnìk folgen Sie der Landstraße 77 nach Nordwest. Sie betreten den links gelegenen Soldatenfriedhof und vor der großen Säule führt Sie der Weg links in das Wäldchen hinein. Für die nächsten 2,5 km wandern Sie entlang einer Obstplantage und erreichen dann einen im Wald gelegenen Funkturm, wo

Sie links abbiegen. Nach einem kurzen Stück erreichen Sie die Dorfstraße, der Sie rechts folgen gen Nižna Jedľová.

Am Dorfeingang, dort wo sich der rote und blaue Wanderweg treffen, biegen sie rechts und gehen über Wiesen und durch Wäldchen bis Kapišova. Dort biegen Sie links ab und folgen jetzt für längere Zeit der asphaltierten Dorfstraße. Sie durchqueren das Údolie smrtie (Tal des Todes).

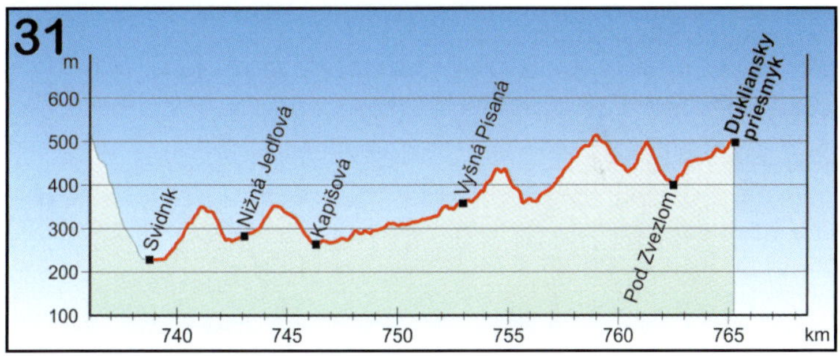

Kapišová

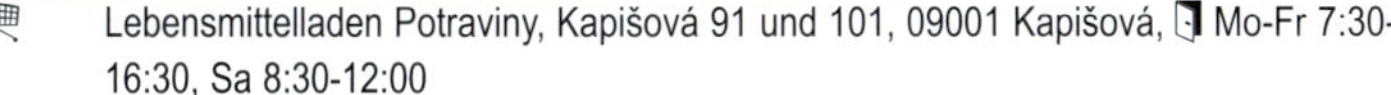

- Lebensmittelladen Potraviny, Kapišová 91 und 101, 09001 Kapišová, Mo-Fr 7:30-16:30, Sa 8:30-12:00
- Kneipe Krčma, Kapišová 91, 09001 Kapišová, 11:30-21:00
- Chata Evička, Kapišová 124, 09001 Kapišová, 09 05/65 75 15, www.chataevicka.sk, nht.sro@gmail.com, Ü € 12,50 (Minimum 2 Pers.),
- ♦ Penzión v údolí, Kružlová 102, 09002 Kružlová, 09 05/47 24 89, 09 02/07 71 33, www.penzionvudoli.sk, penzionvudoli@gmail.com, Ü € 11 (Die Pension befindet sich im Dorf Kružlová. Sie ist 1,5 km vom Wanderweg entfernt. Hinter Kapišová links abbiegen, das Dorf ist ausgeschildert.

Als einer der leichtesten Übergänge über die Karpaten zwischen Polen und der Slowakei bot sich der Duklapass in der Geschichte immer wieder als Einfallstor für Armeen auf dem Weg nach Westen an. Im Zweiten Weltkrieg tobten am Duklapass besonders schwere Gefechte. Im Rahmen der Ostkarpatischen Operation der sowjetischen Armee starben bis Ende Oktober 1944 rund 60.000 sowjetische und tschechoslowakische Soldaten und rund 11.000 deutsche Soldaten. Das ehemalige Schlachtfeld, das sich hinter Svidník zwischen den Dörfern Kapišová, Kružľová und Nižná Písaná befindet, nennt man daher auch das „Tal des Todes". Am südlichen Ende des Tals stehen ein sowjetischer und ein deutscher Panzer. Insgesamt stehen im Gebiet von Dukla 55 Überbleibsel verschiedener schwerer Kriegstechnik aus dem Zweiten Weltkrieg. Bis heute findet man in den umliegenden Wäldern Bunker, die von den Soldaten ausgehoben wurden.

An die Schlacht erinnert eine 28 m hohe Bronzestatue auf dem Duklapass, die den Namen „Ich klage an“ trägt. Das Denkmal ist Teil eines Soldatenfriedhofs. Auf Tafeln stehen die Namen von 1.265 gefallenen Soldaten des 1. Tschechoslowakischen Militärkorps. Das Umfeld des Denkmals ist ein ausgedehntes militärisches Freilichtmuseum. Das ehemalige Schlachtfeld kann auch von einem 49 m hohen Aussichtsturm betrachtet werden.

⌘ Aussichtsturm - Vyhliadková veža, ☏ 054/75 22 95 20, www.vhm.sk, Di-So 9:00-17:00 (von Juni bis 15. Oktober)

Panzer im Tal des Todes

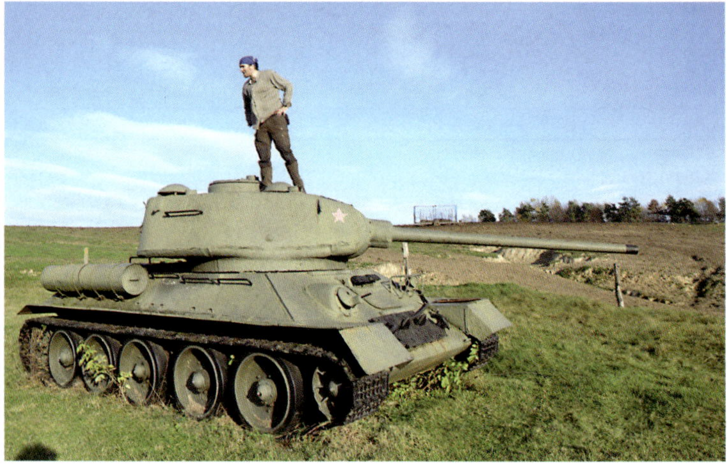

Im Dorf Medvedie biegen Sie rechts ab und folgen einer Asphaltstraße dorfauswärts, um dann links in den Wald abzubiegen. Sie überqueren einen niedrigen Kamm, steigen über einen Bach und erreichen nach dem zweiten Kamm den Wegpunkt Pod Zvezlom.

Medvedie

Wellness Penzión Medveď, Medvedie 34, 09005 Krajná Poľana, 09 05/77 50 30, ☏ 054/381 00 49, www.penzionmedved.eu, penzionmedved@centrum.sk, Ü € 15, ✕,

Hier sind einige der Haubitzen ausgestellt, die während des 2. Weltkrieges zum Einsatz kamen. Daneben befinden sich die Unterstände der Mannschaften, die die Haubitzen bedient haben.

Vor Ihnen liegt die stark befahrene E371, die zum Duklapass hochführt. Allerdings laufen Sie auf einer nicht befahrenen Nebenstraße zum Pass hoch. Sie kommen noch an einigem Kriegsgerät vorbei, u. a. einem Flugzeug. Vor dem Svidnicke Sedlo stoßen Sie auf die E371 und gehen auf einem holprigen Bürgersteig direkt an der Straße bis zum Grenzübergang hoch. Auf der rechten Seite findet sich ein Denkmal zu Ehren der Gefallenen der Schlacht am Duklapass während des 2. Weltkrieges.

Herzlichen Glückwunsch! Sie sind am Ende Ihres Weges angekommen. Hinter Ihnen liegen rund 760 km. Sie haben auf dem Weg der Helden, dem slowakischen Teilstück des Europäischen Fernwanderweges E8, die komplette Slowakei durchquert.

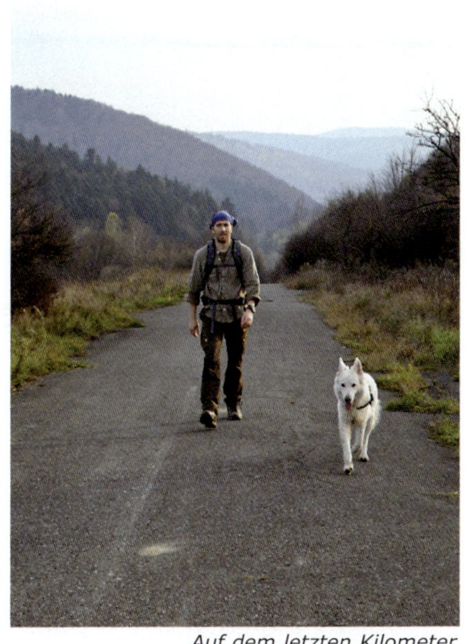

Auf dem letzten Kilometer

Alle Verbindungen zur Rückreise finden Sie im Infoteil unter An- und Abreise.

Wer will kann die Wanderungen fortsetztten. Folgen Sie der Markierung bis in das polnische Dorf Dukla und folgen dann dem Beskidenhauptweg auf rund 160 km gen Osten bis zur polnisch-ukrainischen Grenze. Bei Wołosate endet der Weg. Hier gibt es keinen Grenzübergang. Auf ukrainischen Seite ist der Europäische Fernwanderweg E8 bisher nicht ausgeschildert.

Gute deutschsprachige Infos zum Beskiden-Hauptweg finden Sie unter:
www.weitwanderungen.de/PL-Strecke_1-Beskiden.htm

Kleiner Sprachfüher

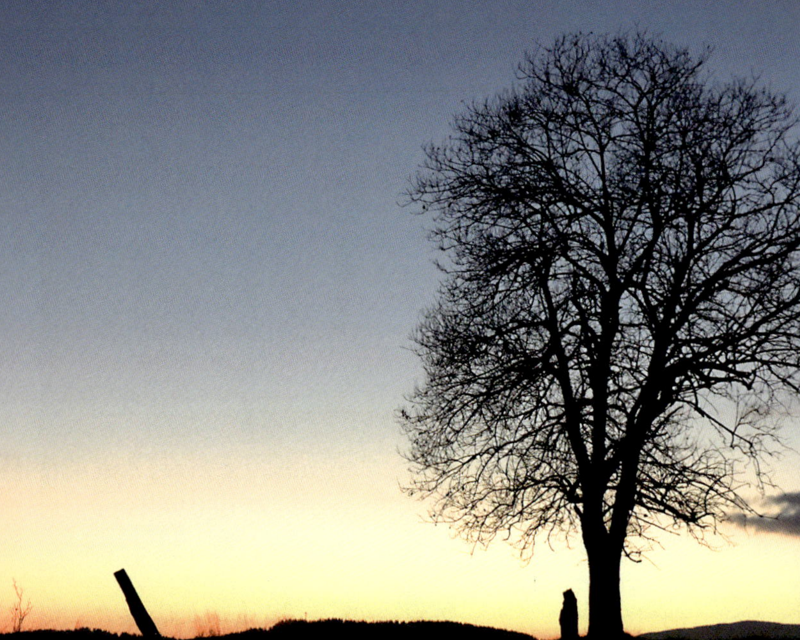

Zur Sprache: Die slowakische Sprache gehört zu den westslawischen Sprachen. Slowakisch wird von rund fünf Millionen Slowaken in der Slowakei und etwa zwei Millionen Auswanderern gesprochen. Die heutige Schriftsprache wurde in den 40er-Jahren des 19. Jahrhunderts von Ludovit Štúr auf der Basis eines mittelslowakischen Dialektes festgelegt. Slowakisch wird auch als „Esperanto der slawischen Sprachen“ bezeichnet, weil sie von anderssprachigen Slawen als die verständlichste slawische Sprache wahrgenommen wird.

Zur Aussprache: Die meisten Buchstaben werden ausgesprochen, wie sie geschrieben werden. Die mit Verlängerungszeichen gekennzeichneten Buchstaben (á, é, í, ó, usw.) werden lang ausgesprochen. Die mit Weichheitszeichen gekennzeichneten Buchstaben (ď, ň, ľ, ť usw.) werden weich ausgesprochen, das heißt, sie werden in der Regel mit einem Anklang an ein j hinter dem Konsonanten artikuliert.

Begrüßung und andere wichtige Wörter

Guten Morgen	Dobré ráno
Guten Tag	Dobrý deň
Guten Abend	Dobrý večer
Hallo	Ahoj
Auf Wiedersehen	Dovidenia
Prost	Na zdravie
Entschuldigung	Prepáčte
Danke	Ďakujem
Bitte	Prosím
Ja	Áno
Nein	Nie
Hilfe	Pomoc
Vorsicht	Pozor
Gut	Dobre

Unterkünfte und andere wichtige Plätze

Hütte	chata
Hotel	hotel
Pension	penzión
Jugendherberge	turistická ubytovňa
Übernachtung	prenocovanie
Forsthaus	horáreň
Lebensmittelladen	potraviny

Restaurant	reštaurácia
Stadt	mesto
Dorf	dedina
Fluss	rieka
Bach	potok
Gebirge	pohorie

Geografische Bezeichnungen und Richtungen

Tal	dolina
Sattel	sedlo
Kamm	hrebeň
Rechts	vpravo
Links	vľavo
Norden	sever
Osten	východ
Süden	juh
Westen	západ
Hoch	hore
Runter	dole

Essen

Brot	chlieb
Obst	ovocie
Gemüse	zelenina
Schokolade	čokoláda
Nudeln	cestoviny
Wurst	klobása
Käse	syr
Butter	maslo
Apfel	jablko
Banane	banán
Müsli	müsli

Verkehr

Bus	autobus
Zug	vlak
Bahnhof	stanica
Fahrkarte	lístok

Fragen

Wo ist ...?	Kde je ...?
Wie viel kostet ...?	Koľko stojí ...?
Wann ...?	Kedy ...?

Zahlen

null	nula	zwanzig	dvadsať
eins	jeden	einundzwanzig	dvadsaťjeden
zwei	dva	dreißig	tridsať
drei	tri	vierzig	štyridsať
vier	štyri	fünfzig	pädesiat
fünf	päť	sechzig	šesdesiat
sechs	šesť	siebzig	sedemdesiat
sieben	sedem	achtzig	osemdesiat
acht	osem	neunzig	deväťdesiat
neun	deväť	hundert	sto
zehn	desať		
elf	jedenásť		
zwölf	dvanásť		
dreizehn	trinásť		

Wochentage

Montag	pondelok
Dienstag	utorok
Mittwoch	streda
Donnerstag	štvrtok
Freitag	piatok
Samstag	sobota
Sonntag	nedeľa

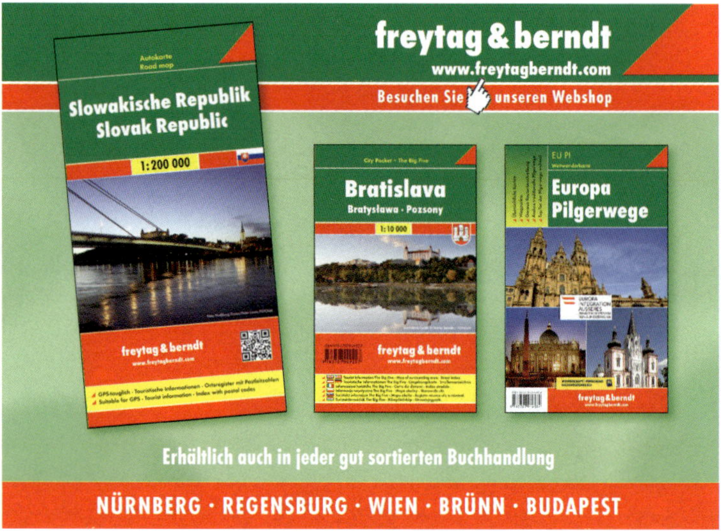

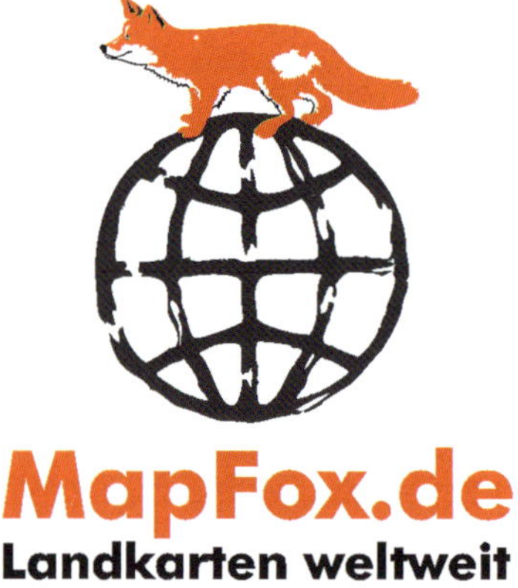

Buchtipps aus dem Conrad Stein Verlag

Wetter

Meeno Schrader & Michael Hodgson
OutdoorHandbuch Band 13
Basiswissen für draußen
96 Seiten ▸ 36 farbige Abbildungen
21 Illustrationen

ISBN 978-3-86686-013-1

>> Nordis: *„Ein handliches Büchlein auch für unterwegs!“*

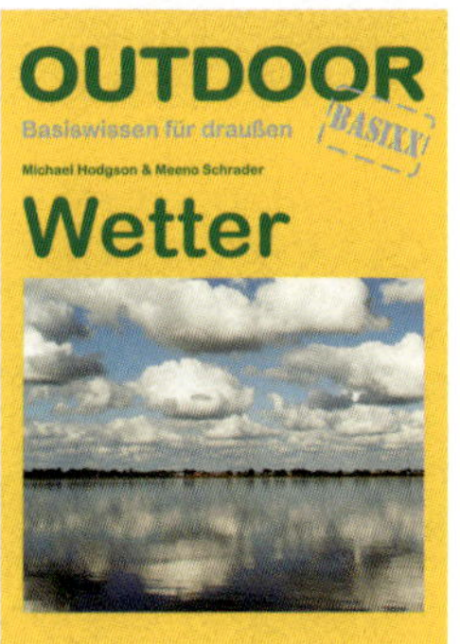

Ausrüstung I von Kopf bis Fuß

Markus Gründel und Johann Schinabeck
OutdoorHandbuch Band 100
Basiswissen für draußen
192 Seiten ▸ 70 farbige Abbildungen

ISBN 978-3-86686-417-7

>> Berlin alpin: *„dieses Handbuch vermittelt die notwendigen Infos für einen sinnvollen Kauf der Ausrüstung“*

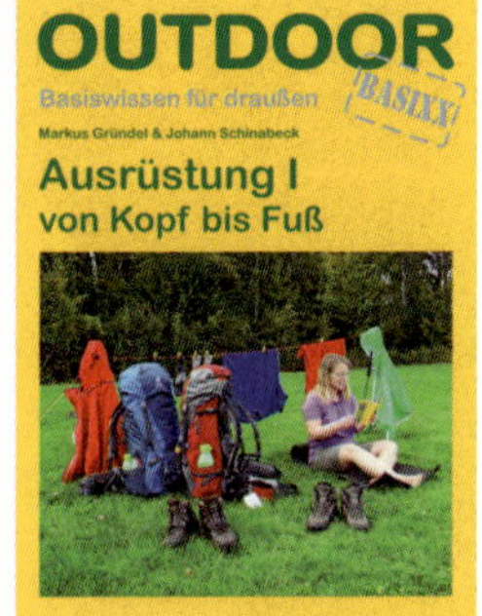

Trekking ultraleicht

Stefan Dapprich
OutdoorHandbuch Band 184
Basiswissen für draußen
160 Seiten ▸ 56 farbige Abbildungen

ISBN 978-3-86686-422-1

>> Besprechungsdienst für öffentliche Bibliotheken:
„Für Trekker, Kanufahrer, Radfahrer und Bergsteiger geeigneter Ratgeber.“

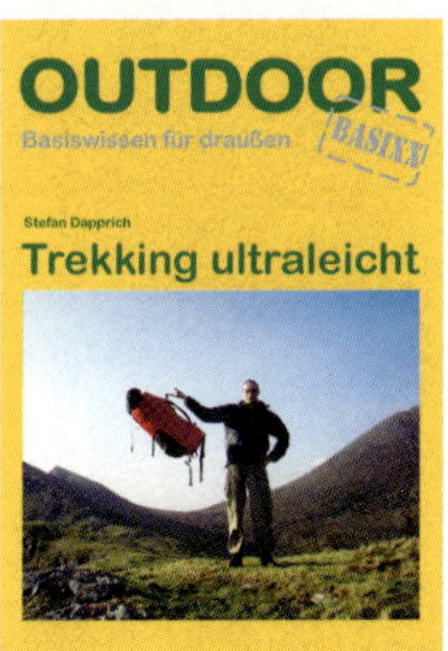

Index

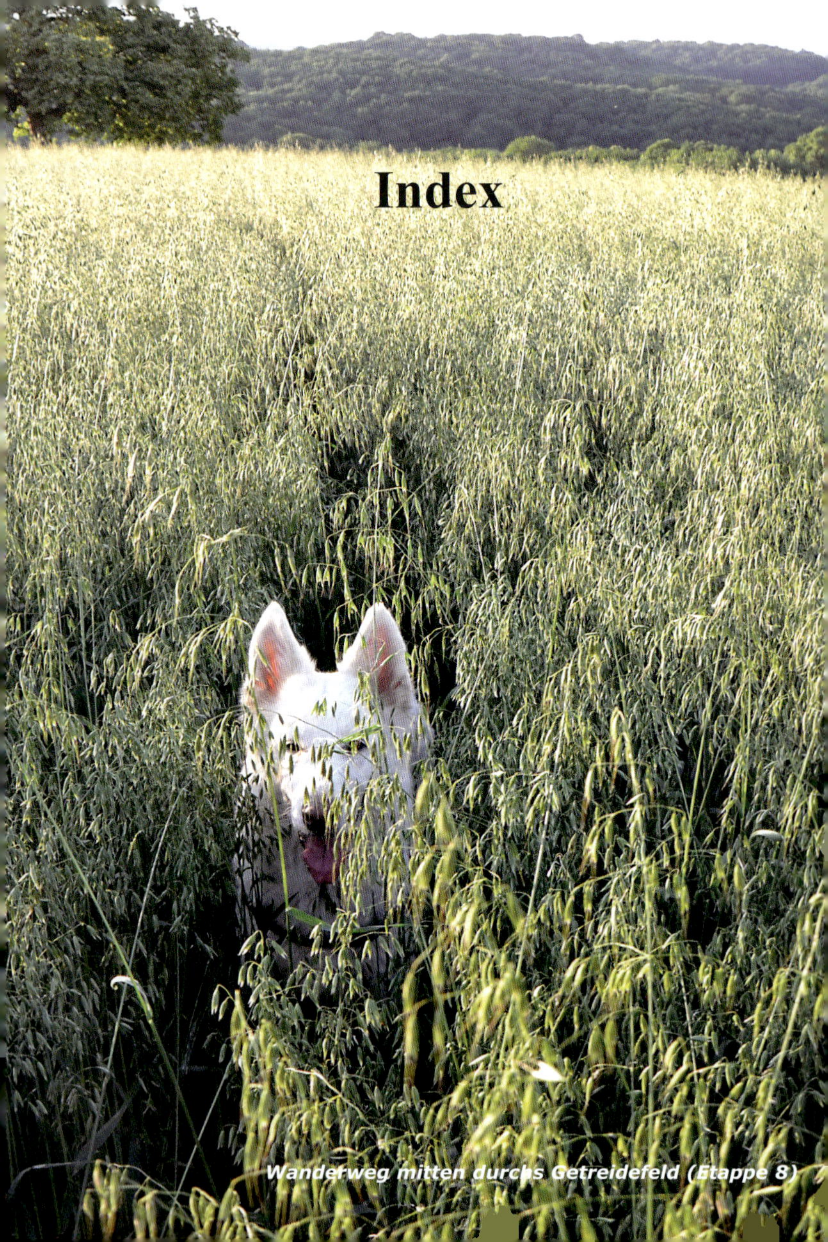

Wanderweg mitten durchs Getreidefeld (Etappe 8)

A

Abreise 18
Andrejová 142
Anreise 18
Ausrüstung 20

B

Bardejov 136
Bardejovské Kúpele 140
Bratislava 36
Braunbären 20
Brezie 128
Brezová pod Bradlom 57

C

Čertovica 100
Chata Holubyho 61
Chata Jahodná 123
Chata Lajoška 123
Chata Volovec 114
Čičmany 77

D

Devin 38
Devinska Kobyla 41
Dobrá Voda 55
Donovaly 93
Drietoma 66
Ďurková útulňa 97

E

Etappen 12
Europäischer Fernwanderweg E8 14

F

Fačkovské sedlo 78

G

GPS-Track 27

H

Hervatov 135
Horná Poruba 72
Horský hotel Kráľova studňa 90
Hradisko 133
Hunde 24

K

Kamzík 45
Kanaš 132
Kapišová 147
Karten 26
Kavečany 126
Klima 27
Košice 125
Krahule 86
Kremnica 87
Kunešov 84
Kurimka 144
Kysak 127

L

Laufrichtung 16
Ľubovec 129

M

Malý Šariš 130
Medvedie 148
Miháľov 136
Mikulčin Vrch 64
Myjava 59

N

Notruf 29

O

Omšenská baba 72

P

Pezinská Baba 48
Plavecké Podhradie 52

S

Skalka 86
Slavín 43
Sološnica 50
Sprache 29
Srvátkova lúka 74
Štefánik, Milan Rastislav 58
Štós-kúpele 117
Svidník 145

T

Telgárt 107
Terňa 133
Trenčianske Teplice 71
Trenčín 68

U

Úhorná 115
Unterkunft 29
Updates 31

V

Veľký Šariš 131
Verkehrsmittel 18

W

Wasser 34
Weg der Helden 14
Wegmarkierungen 31
Wegpunkte 33

Z

Záruby 54
Zborov 141
Zeit 34
Zliechov 75